Tests de personnalité

Dans la même collection aux éditions Rebondir

■ Techniques de recherche d'emploi

1 Groupe de chercheurs d'emploi
6 Décrocher un emploi grâce au téléphone
20 Réussir sa recherche d'emploi
30 Décrochez votre premier emploi
38 Trouver un emploi par relations
43 L'abc du CV
44 Lettre de motivation
45 30 modèles de candidatures
46 Entretien d'embauche
57 100 lettres de recherche d'emploi
101 Tests de recrutement
102 Les CV pour les cadres
103 101 CV
104 Trouver un emploi après 50 ans
105 Tests de personnalité
106 Un emploi sans relations
107 Trouver un emploi grâce à l'intérim (nouvelle édition)
108 Faire un bilan de ses compétences
109 L'entretien d'embauche au féminin
110 Un emploi sur l'Internet (nouvelle édition)

■ Choisir un métier

13 Travailler dans le tourisme
17 Un emploi dans l'hôtellerie-restauration
22 20 métiers pour travailler tout de suite
24 Un emploi de secrétaire ou assistante
25 Travailler à domicile (nouvelle édition)
26 Devenir commercial
35 Gagner sa vie avec la vente directe
37 Travailler dans une association
40 Les métiers qui font voyager
47 L'action humanitaire à l'étranger (nouvelle édition)
48 Les associations anti-chômage
49 18 métiers dans le social (nouvelle édition)
61 Les métiers de la psy
62 Les métiers des arts graphiques
63 Les métiers du paramédical

■ Pratique

7 Comment choisir sa formation
10 Comprendre son contrat de travail
15 Travailler à temps partiel
18 Faire face au licenciement
33 Changer de métier
39 Ouvrir un commerce
42 Choisir sa formule en franchise
501 Allocations chômage 1999

■ Fonction publique

50 La fonction publique d'État
51 La fonction publique hospitalière
401 La fonction publique territoriale

■ Travailler à l'étranger

19 Travailler aux États-Unis
34 S'installer en Australie
301 S'installer en Grande-Bretagne (nouvelle édition)
302 S'installer au Canada (nouvelle édition)
303 S'installer en Irlande
304 S'installer en Italie du Nord
305 S'installer en Norvège et au Danemark
306 S'installer en Suède et en Finlande

■ Hors collection

Créer et gérer une association loi 1901
Se mettre à son compte
Choisir une enseigne en franchise

Rebondir

EDITH CARRADE'CH

Tests de personnalité

Collection dirigée
par Bertrand Gauthey

Secrétariat de rédaction : Christine Brégeon, David Lerozier
Conception graphique : Marion Bataille
Maquette : Bénédicte Baldet
Illustration de couverture : Thierry Dalby

Copyright 1999 : Rebondir, 34 rue Vignon, 75311 Paris Cedex 09
Dépôt légal : avril 1999, ISBN 2-910325-74-1

Dur à la tache... d'encre

Il y a des questions qu'on ne se pose jamais et auxquelles on n'a pas forcément envie de répondre... sauf si on veut travailler. Vous arrive-t-il de réfléchir à votre propre mort ? Aimez-vous les balades en montagne ? Que ressentez-vous à la vision de cet homme debout qui s'éloigne de cette femme allongée ? Cette grosse tache symétrique, là, ça évoque quoi pour vous ?

Allez, plus vite ! Il vous reste cinq minutes pour rendre la copie. Les questions sont idiotes. Mais vos réponses doivent être sensées. Ça se passe comme ça chez les recruteurs. Une entreprise sur deux utilise des tests pour mieux cerner votre personnalité. Les tests sont devenus un critère de recrutement. C'est grave docteur ? Ça peut le devenir si des incompétents sous-diplômés font passer des tests, alors qu'ils sont réservés aux psychologues longuement formés. Un peu comme si vous alliez aux urgences pour une grippe et qu'un agent hospitalier vous prescrivait des amphétamines ! Et quand bien même, si ce sont des psychologues patentés qui font passer des tests projectifs, quel intérêt ? Des tas de névrosés ont fait d'excellents chefs des ventes et des chefs d'entreprise performants. Le fait que les entreprises utilisent ces outils est une grave dérive jamais sanctionnée, alors que le dossier médical reste interdit aux employeurs.

Si encore les tests étaient utilisés dans un but honorable, par exemple pour éliminer les sadiques qui sévissent dans toutes les professions. Hélas, rien de tel.

Que faire si ça vous arrive ? Inutile de mentir. On vous détecte. Pas la peine de protester. On vous refusera le poste. Jouez le jeu... lucidement. Grâce à ce livre, écrit par une psychologue qui n'apprécie pas toutes les pratiques de sa caste, vous saurez ce qu'il ne faut pas dire devant une œuvre abstraite qui ressemble à une orgie en contre-jour. Vous ne serez peut-être pas plus malin qu'eux, mais on arrêtera de vous prendre pour un c...

Eric Le Braz , Directeur de la rédaction.

SOMMAIRE

Chapitre IV

Chapitre V

Dis-moi qui tu es...

Êtes-vous sociable ou introverti ? Préférez-vous arriver en retard ou dire du mal des autres ? Entre un repas à la maison et une soirée au restaurant, que choisissez-vous ? Si ces questions vous sont familières, vous savez déjà que les tests sont aujourd'hui partout. Dans les magazines, à l'école, à l'armée, et bien sûr, au moment des recrutements. Difficile d'en faire l'impasse ! Et pourtant ce n'est pas toujours facile de répondre à toutes ces questions...

Il n'est pas rare qu'un recruteur fasse passer à un candidat une batterie de trois ou quatre tests. Tant qu'il s'agit d'un test d'intelligence, d'un test d'aptitude, ou bien d'un test d'efficience, vous arrivez généralement à maîtriser la situation.

Si vous correspondez au poste, les tests vont le confirmer, et c'est tant mieux. Sinon, vous ne pourrez pas les réussir, donc, autant vous épargner un échec. Enfin, c'est la théorie...

Somme toute, il ne s'agit là de rien de plus qu'un examen comme à l'école ou l'université. Mais dès lors qu'il s'agit d'un test de personnalité, là, beaucoup se laissent gagner par l'anxiété et perdent toutes leurs chances...

Les tests vont-ils révéler vos secrets honteux ?

L'idée qu'à travers ces réponses, le recruteur puisse apercevoir une autre image que celle que vous vous escrimez à faire passer dans votre CV, vous met mal à l'aise. Or, un recruteur a besoin d'en savoir plus que n'en dit votre CV et même que l'impression qu'il peut conserver au sortir de l'entretien d'embauche. Vous lui avez paru dynamique, mais comment peut-il s'en assurer ? Comment peut-il être sûr que vous allez vous adapter au poste proposé ? Un seul moyen est aujourd'hui considéré comme sécurisant : le test de personnalité.

Attention, pas de panique, vous ne pouvez pas

« échouer » à un test de personnalité. Soit le profil de personnalité qui se dégage de votre test correspond à celui défini pour le poste à pourvoir, et vous pouvez alors espérer décrocher le contrat. Soit votre profil ne correspond pas et vous pouvez abandonner vos espoirs sans remords, car, vous n'auriez pas pu vous adapter à ce poste. Les tests de personnalité sont utiles, bien sûr, aux recruteurs, mais nous allons vous apprendre dans ce guide que, non seulement ces mêmes tests ne sont pas vos ennemis, mais aussi qu'ils peuvent beaucoup vous apporter.

Si vous comprenez mieux comment sont fabriqués les tests de personnalité, et ce qu'ils peuvent détecter, vous serez moins inquiet et les réussirez mieux.

Démythifiez les tests, c'est la meilleure préparation

Vous l'aurez compris, l'objectif de ce guide est de démythifier les tests de personnalité. Si les tests de personnalité génèrent de l'angoisse, c'est avant tout car ils sont méconnus, or ce ne sont que des instruments de mesure comme un baromètre ou une balance. Nous allons donc vous expliquer à quoi servent ces tests. Que mesurent-ils ? Pourquoi sont-ils de plus en plus utilisés ? Comment sont-ils fabriqués ? Comment sont-ils analysés... bref, tout ce qu'il faut savoir pour arriver serein le jour de la passation. Ce dernier point est d'ailleurs la meilleure préparation que vous puissiez faire, car on sait bien que l'angoisse diminue les capacités de concentration de l'individu.

Soyez vous-même

Il n'y a pas de bonnes ou de mauvaises réponses aux tests de personnalité. On ne peut donc ni échouer... ni réussir ! Ce que vous pouvez apprendre, en revanche, c'est donner le meilleur de vous-même lors de la passation. C'est le meilleur gage de succès.

Pour ou contre les tests de personnalité ?

Difficile de se prononcer sur cette question, d'autant plus que vous n'avez pas vraiment le choix : les tests sont utilisés dans presque tous les cas d'embauche (voir page 137 : « Peut-on refuser de passer un test ? »). Dans les années 80, la Sofres avait effectué un sondage sur les tests de recrutement. Les résultats n'étaient pas surprenants : un tiers des sondés était favorable à cette pratique, un tiers défavorable et le tiers restant était sans opinion. Afin que vous ne restiez pas dans cet état d'incertitude, voici quelques arguments pour et contre les tests de personnalité dans le recrutement.

Vous allez peut-être, par exemple, apprendre que la timidité dont vous vous sentiez écrasé depuis votre tendre enfance, n'est pas un défaut et qu'elle a fait de vous quelqu'un de sensible et d'attentif aux autres.

Les arguments pour

■ **Les tests sont une mine d'information pour le candidat en question.** En effet, passer un test de personnalité fait partie des rares occasions que vous rencontrez où vous pourrez apprendre des choses que vous ignorez sur vous.

■ **Les tests révèlent les potentiels du candidat.** C'est ainsi qu'ils peuvent mettre en évidence une qualité que le recruteur n'a pas pu détecter lors de l'entretien.

■ **Les tests de personnalité sont égaux pour tous.** Dans leurs échelles d'analyse, ni l'origine sociale ni l'appartenance ethnique ne sont prises en compte. Au vu des résultats, impossible de savoir si, derrière le profil idéal de comptable méticuleux, ne se cache pas une jeune Tunisienne fraîchement diplômée, ou un quadragénaire rompu aux ficelles du métier.

Les arguments contre

Dans tous les cas, on sait très bien que les tests ne sont pas l'idéal pour sélectionner un candidat : la personnalité d'un individu n'est pas une « matière » quantifiable.

■ Les tests de personnalité s'immiscent trop dans l'intimité des candidats. Ils servent de prétexte au recruteur pour poser des questions qu'il n'aurait pas osé poser lors d'un entretien. Le candidat n'est pas en mesure de refuser de répondre à ces questions.

■ Prétendre cerner la personnalité d'un candidat par le biais d'un test est une erreur. La personnalité d'un individu est beaucoup trop complexe pour qu'on puisse espérer la quantifier.

■ Les tests n'apportent rien de plus qui ne se trouve déjà dans le CV des candidats. Utiliser ces tests se fait au détriment de la relation humaine qui se crée lors des entretiens d'embauche, ils sont propices à l'installation d'un climat de méfiance.

Chapitre I

pages 13 > 39

À QUOI SERVENT LES TESTS DE PERSONNALITÉ

A l'inverse des tests d'intelligence, d'aptitude, de connaissance, les tests de personnalité ne s'intéressent pas aux « qualités cognitives » du candidat mais à ses « qualités affectives ». Leur objectif est simple : il s'agit ici de connaître votre personnalité, votre caractère, vos qualités comme vos défauts.

Les différents tests de recrutement

Les tests de personnalité ne constituent pas à eux seuls la batterie de test qui est proposé aux candidats lors d'un recrutement. Il y a les tests d'intelligence, les tests d'aptitude, les tests de connaissance ou de créativité. En voici une brève présentation afin que vous compreniez où se situent les tests de personnalité dans cette grande famille.

Il existe des tests d'intelligence, d'aptitude, de connaissance, de créativité… et, bien sûr, de personnalité. Ceux-ci ont l'avantage d'être relativement objectifs, même si la personnalité et la formation de celui qui les dépouille a une grande importance.

Les tests d'efficience

Dans cette catégorie, on retrouve les tests d'intelligence, les tests d'aptitude, les tests de connaissance et enfin, les tests de mémoire. Chacun a une finalité différente.

Les tests d'intelligence

Ils ont pour but de mesurer l'intelligence sans tenir compte de l'origine sociale et du niveau de culture du candidat. C'est l'intelligence à l'état brut. C'est à partir de cette mesure que l'on peut déduire les compétences d'un individu quant à son aptitude à raisonner rapidement, sa logique, son bon sens et sa rapidité à apprendre quelque chose de nouveau.

Les tests d'aptitude

Ce sont des tests qui mesurent les qualités d'un individu. Par exemple, ils peuvent évaluer la logique, le raisonnement, les capacités d'analyse. Ce sont des tests très appréciés des recruteurs, car ils permettent de « cibler » les qualités recherchées pour un poste précis. On ne demandera pas les mêmes aptitudes pour être ingénieur chef de projet

CRÉÉS POUR RECRUTER LES OFFICIERS

■ Un petit retour dans l'histoire vous aidera à mieux comprendre l'expansion des tests. C'est en France que le premier test mental a été créé. Binet et Simon en sont les pères fondateurs en 1905. Ce test avait pour objectif de repérer les enfants qui posaient problème à l'école afin de mieux les orienter. Peu de temps après, en 1920, ce sont les USA qui ont pris le relais en matière d'innovation dans les tests. A cause de la guerre, les Américains ont dû recruter, parmi les militaires, les individus les plus aptes à encadrer des troupes. Des tests de personnalité ont donc été créés à cet effet. Une fois la machine lancée, difficile de l'arrêter, les tests ont petit à petit envahi tous les secteurs de l'économie.

Leurs avantages sont nombreux : fiables, économiques et efficaces. Que demander de plus aujourd'hui ? Les tests de personnalité qui vous sont présentés lors d'un recrutement ont été conçus pour mieux vous connaître.

On évite ainsi le défaut que l'on a souvent pointé pour d'autres tests créés pour la psychologie clinicienne, c'est-à-dire pour dépister les maladies mentales, et qui étaient abusivement utilisés lors d'un simple recrutement.

que pour être représentant. On range souvent dans cette catégorie, les « tests en direct » d'aptitude. Il s'agit d'une mise en situation professionnelle, sous la forme d'un jeu de rôle qui permet au recruteur d'évaluer en direct vos compétences pour le poste à pourvoir.

Les tests de connaissance

Ils sont proches des tests d'aptitude, mais ils cherchent plus à mesurer les connaissances actuelles que les potentialités à acquérir de nouvelles compétences. Ces tests sont spécifiques pour chaque profession. Pour un poste de comptable, par exemple, on cherchera à tester les connaissances du candidat des logiciels informatiques de comptabilité ou sa rapidité dans le calcul mental. Pour un poste de secrétaire, un test d'orthographe et un test d'anglais pourront être présentés. Dans le même ordre d'idée, des tests de mémoire peuvent être intégrés dans la batterie de tests à passer.

Les tests de créativité

Ils peuvent vous être proposés si vous postulez à un poste où la créativité est la meilleure qualité à posséder. Ces tests peuvent prendre différentes formes, mais la plupart du temps, ils se présentent sous des questions de ce type :

« Trouvez le plus de synonyme du mot "vacance" », « Ecrivez tous les mots que vous connaissez qui finissent par "asse" », « Décrivez toutes les situations dans lesquelles vous devez porter un costume ».

L'idée est de pouvoir repérer les candidats qui sauront faire preuve de créativité, d'originalité tout en respectant scrupuleusement la consigne.

Quelles que soient vos compétences, votre créativité, votre intelligence, il y a une chose que mesurent bien les tests de personnalité : c'est votre équilibre affectif, votre fonctionnement dans une équipe, vos relations avec les autres.

L'originalité des tests de personnalité

A l'inverse des tests précédemment cités, les tests de personnalité ne s'intéressent pas aux « qualités cognitives » du candidat mais à ses « qualités affectives ».

Leur objectif est simple : il s'agit ici de connaître votre personnalité, votre caractère, vos qualités comme vos défauts. Entrez-vous facilement en contact avec les autres ? Etes-vous précis dans votre travail, préférez-vous travailler en équipe ? Supportez-vous l'autorité ?, etc. Voici les questions qui vont vous être posées. En fonction du poste à pourvoir, le recruteur tentera de repérer grâce à ces tests de personnalité, les qualités sine qua non à posséder.

Les questionnaires s'adressent à la partie consciente du caractère, de la personnalité. Les tests projectifs sondent l'imaginaire, l'inconscient... la part qui vous échappe. Mais ce n'est pas forcément terrifiant !

Deux façons d'explorer la personnalité

Pour ce faire, deux types de tests peuvent vous être présentés :

— les questionnaires de personnalité, ou inventaire de personnalité, qui analysent vos réponses à une centaine de questions pour dessiner votre profil de personnalité (extraverti, indépendant, sociable) ;

— les tests projectifs qui visent à dévoiler la partie inconsciente de votre personnalité.

Sur papier ou sur ordinateur, seul ou en groupe

Les questionnaires de personnalité sont maintenant proposés sur ordinateur, ce qui, nous le verrons, change un tant soit peu l'analyse finale.

S'ils ne se déroulent pas sur ordinateur, vous aurez à répondre à ces tests tout simplement sur papier.

Une dernière chose à noter, le mode de passation peut être individuel, auquel cas vous êtes seul face au psychologue ou celui-ci peut vous laisser seul dans une pièce à part.

Ou bien la passation peut être collective, vous vous retrouvez alors avec plusieurs candidats dans une même pièce pour remplir le même type de questionnaire.

Enfin, vous devez également savoir que la passation de certains tests est limité dans le temps, tandis que d'autres se déroulent en temps libre.

Les questionnaires de personnalité

Les questionnaires de personnalité se présentent sous la forme d'une centaine de questions, voire plus pour certains, auxquelles il vous faut répondre. Ces questions portent sur vous. C'est donc un questionnaire d'auto-évaluation qui fait appel à l'introspection. Le but de ces tests est de mesurer des traits de personnalité comme l'anxiété, la sociabilité, la capacité d'adaptation, la propension au leadership, etc.

Les questions sont courtes, parfois un peu alambiquées, vous n'avez pas de limite de temps pour y répondre, mais attention cependant à ne pas y passer trop de temps. Vous pourriez inquiéter votre recruteur qui pourrait penser que vous cherchez délibérément à calculer vos réponses ou que l'hésitation est votre principal défaut. N'ayez pas peur du nombre de questions. Si elles sont en moyenne au nombre de cent cinquante, c'est parce que la palette de traits de personnalité à étudier est grande.

Avec les questionnaires, à vous les délices de l'introspection ! A vous de dire librement si vous aimez le football plus que le jogging, ou si vous préférez être traité de menteur ou de voleur ! Le problème, c'est plutôt à quoi vos réponses vont servir.

Des techniques rodées de longue date

La plupart de ces tests de personnalité ne sont pas faits « sur mesure » pour le poste à pourvoir. Cela coûterait trop cher à l'entreprise de commander un test pour chaque type de poste.

Le recruteur utilise donc plutôt des tests de personnalités « généraux » dont il extraira ensuite uniquement l'analyse des qualités requises pour le poste en question. Pour un poste de commercial international, le recruteur va surtout vouloir mesurer la résistance au stress, la capacité d'adaptation aux situations nouvelles, la résistance à l'éloignement familial, le dynamisme, etc. Il portera certainement moins d'attention à la rigueur, à la précision, à l'autocritique, qui sont des qualités moins primordiales pour ce type d'emploi.

Des questions types

Échecs, frustrations, difficultés sont souvent à l'honneur dans les tests de personnalité. Une façon de tester vos réponses au stress et vos attitudes dans les relations de travail.

Les questions qui vont vous être posées pourraient être les suivantes :

■ « Si un collègue vous raconte que la secrétaire a dit du mal de vous, que faites-vous ?

— Je vais demander des explications à la secrétaire.

— Je feins d'ignorer cette information mais je fais désormais attention à ce que je dis.

— Je vais immédiatement en parler à mon supérieur hiérarchique afin qu'il ne croit pas ce qu'on va lui raconter. »

■ « Aimez-vous les voyages organisés ? Oui/non »

■ « Le service des payes vous convoque de manière urgente, que pensez-vous ?

— J'ai dû oublier de leur donner un renseignement sur ma situation familiale.

— Ils ont fait une erreur sur ma dernière fiche de salaire et je vais devoir rembourser quelque chose.

— Je vais peut-être avoir une prime supplémentaire. »

La forme des réponses à ces questions peut donc varier, elles peuvent être de type QCM (questions à choix multiples), de type oui/non, de type vrai/faux, d'autres peuvent vous laisser une échappatoire en vous proposant le choix : « Je ne sais pas. » Attention cependant à ne pas en abuser ! Vous passeriez pour un indécis.

Tout au long de ces questions sont réparties ici et là des questions de raisonnement. Elles sont là non seulement pour mesurer votre capacité de raisonnement mais aussi et surtout pour tester votre degré de fatigue et de lassitude. Si vous répondez mal à une question de raisonnement, le recruteur pondérera à la baisse les réponses qui suivent en faisant l'hypothèse que votre attention est moins vigilante.

Les questionnaires informatisés

Il s'agit de la même chose que les questionnaires de personnalité à la différence près qu' ils se présentent sous la forme informatique. Au lieu de répondre aux multiples questions à l'aide de la bonne vieille méthode dite « papier/crayon », vous allez devoir répondre à l'aide de la nouvelle méthode dite « ordinateur/souris ».

La différence la plus notable entre un questionnaire sur papier et un questionnaire sur ordinateur, c'est le temps. Si vous hésitez trop, celui-ci passe d'autorité à la question suivante. Mais il n'est pas plus perspicace qu'une feuille de papier.

Le recruteur vous explique les modalités de passation et vous laisse seul face à l'écran. Vous voilà parti pour trente minutes de passation de test ce qui est donc plus court que si vous passiez le test sur papier, ne perdez donc pas votre temps. Le type des questions posées est identique au test de personnalité sur papier.

Vous avez, de même, à répondre suivant les mêmes modalités : questionnaire à choix multiples, oui/non, je ne sais pas, vrai/faux.

Une fois que vous avez répondu à la dernière question posée et appuyé sur la touche ENTER pour l'ultime fois, le logiciel se met en route pour analyser vos réponses ! Quinze minutes plus tard environ, et le recruteur a en sa possession votre profil psychologique. La présentation en est généralement impeccable et claire dès le premier coup d'œil.

En effet, l'ordinateur présente ses résultats sous forme de graphique accompagné de commentaires. Ce compte rendu, fiable et synthétique, est donc immédiatement exploitable par le recruteur. C'est à partir de cette analyse que le recruteur orientera ses questions lors de l'entretien qui suivra.

Pourquoi l'informatique a la faveur des entreprises

Si ces questionnaires de personnalité sur informatique ont connu, et connaissent encore, un si grand succès, c'est qu'ils procurent beaucoup d'avantages pour les entreprises qui les utilisent. Tout d'abord, l'outil informatique permet d'introduire une plus grande part d'objectivité dans la passation, et surtout dans l'analyse de ces tests.

Épreuve anonyme, où le psychologue n'est pas influencé par le physique du candidat, ni par ses vêtements, les tests sur ordinateur ne peuvent pourtant pas supprimer le contact humain. Il aura lieu un peu plus tard, à l'entretien final qui suit le test.

L'informatique est-elle plus objective ?

L'ordinateur, l'écran, la souris sont les mêmes pour tous. Les candidats sont donc traités sur le même modèle. Le dépouillement se fait sans que soient pris en compte des critères subjectifs comme la manière dont le candidat est habillé, sa façon de parler, etc. Les recruteurs pensent donc pouvoir éviter ainsi les erreurs de jugement. Ensuite, ces tests se passent plus vite, tant au niveau de la passation qu'au moment de l'analyse. Le gain de temps est toujours précieux. Enfin, tous les recruteurs ne sont pas des professionnels de l'embauche, les tests informatisés leur apportent une aide précieuse quant à l'analyse des résultats.

A noter qu'il est fréquent que le recruteur prenne connaissance du compte rendu de l'ordinateur sur votre profil, en même temps que vous, lors de l'entretien que vous aurez avec lui, généralement juste après que vous avez le test.

Discuter des résultats

La situation est donc bien différente de celle où analysant « mécaniquement » une à une vos réponses, il place une à une les pièces du puzzle composant votre personnalité. Dans le cas d'une découverte commune des résultats, il nous semble que vous avez une marge de discussion de ces résultats plus importante. Les informations supplémentaires ou les commentaires que vous pourrez faire à cet instant n'en seront que plus entendus.

L'usage controversé des tests projectifs

Qu'est-ce que les tests projectifs ? Ils se présentent sous la forme d'un dessin, d'une image, d'une photo, d'une tache d'encre au sujet de laquelle le recruteur (au mieux un psychologue) vous demande de parler. Ces tests ont pour objectif d'analyser votre personnalité dans sa partie inconsciente.

On les appelle « projectifs » car on attend de vous que vous projetiez votre personnalité au travers de vos réponses. C'est pourquoi les dessins, photos, images sont très simples d'expression pour que vous puissiez projeter sur ces supports des sentiments, des idées, des fantasmes qui sont les vôtres.

L'analyse de l'inconscient, tout comme le dossier médical, devrait rester confidentiel pour les employeurs. C'est l'avis de nombreux psychologues, mais comme la loi ne précise rien, les entreprises ne se privent pas d'utiliser les tests projectifs à tort et à travers.

Trois méthodes pour sonder l'inconscient

Pour être plus précis, ces tests utilisent trois méthodes différentes afin de sonder votre inconscient.

La technique constitutive

Elle consiste à vous faire montrer une planche sur laquelle on ne peut objectivement pas comprendre grand-chose. Ce sont des images non figuratives comme le sont les taches d'encre du test du Rorschach.

La technique interprétative

Elle vous présente des dessins flous, ou des photos comportant des personnages anodins. L'exemple type de ce test est le TAT (Thematic apperception test) dont il est parfois difficile de déterminer le sexe des personnages présentés.

Taches d'encre, images floues, ou feuille blanche, à vous de remplir les vides avec votre imagination et de dire ce que vous voyez. A ce petit jeu, vous voilà vite révélé au regard du professionnel.

La technique constructive

Elle a pour particularité de ne pas présenter un matériel autre qu'une feuille blanche sur laquelle il vous est demandé de dessiner. On peut citer comme exemple le test de l'arbre.

Les psychologues contre les tests projectifs

L'utilisation de ces tests dans une procédure de recrutement est extrêmement controversé. Beaucoup, dont nous faisons partie, pensent que ces tests vont bien trop loin dans l'intimité des candidats. Les tests projectifs ont d'ailleurs été créés pour détecter les pathologies mentales. Ils sont d'ailleurs couramment utilisés en milieu clinique et psychiatrique, et c'est là leur place.

Les réponses que vous donnez lors de leur passation ne peuvent prendre un sens que si elles sont analysées par un recruteur psychologue. L'apprentissage de l'analyse des réponses à un test projectif prend plusieurs années.

Or, les recruteurs ne sont pas toujours, et loin de là, des psychologues. Leur interprétation peut donc être souvent largement abusive ou tenir du n'importe quoi.

Donc, puisque ces tests projectifs sont utilisés dans le recrutement, nous ne pouvions pas ne pas vous en parler, mais nous ne pouvions pas non plus ne pas vous signaler notre désapprobation !

Les différentes catégories de tests projectifs

LE TEST DES BULLES

Le recruteur psychologue va montrer au candidat des dessins de type bandes dessinées sur lesquelles se trouvent des personnages. Le candidat a pour consigne de remplir les bulles qui sont restées vierges de dialogue. Ce test se passe généralement en face à face, le psychologue notant vos réponses au fur et à mesure. Dans ce cas, il arrive que l'on puisse vous demander de préciser une réponse ou d'en inventer une autre (voir page 45).

LE TEST DE L'ARBRE

Ce test est rarement proposé, car il a été beaucoup critiqué. La consigne est simple : le psychologue vous remet une feuille blanche, sans quadrillage, et vous demande de dessiner un arbre (voir page 51).

LE TEST DES TACHES

Son appellation savante est le test du Rorschach, du nom de son inventeur. Le psychologue va vous montrer dix planches sur lesquelles sont étalées des taches d'encre.

Vous avez certainement fait ce genre de dessin en maternelle qui consiste à mettre au centre d'une feuille une grosse goutte d'encre puis de plier la feuille en son milieu afin d'écraser l'encre de manière égale sur les deux moitiés de la feuille. Les figures ainsi représentées sont donc abstraites. Pour chaque planche, le psychologue vous demande de lui dire à quoi vous pensez qu'elle ressemble, ce que vous y voyez. Il va noter toutes vos réponses (vous pouvez en effet en donner plusieurs par tache), en chronométrant le temps que vous mettez à fournir vos réponses (voir page 67).

Ne surestimez pas le pouvoir des tests, ni celui des psychologues. Votre personnalité est trop complexe pour être comprise en quelques heures. Les tests proposent seulement des grilles d'interprétation sur des points précis.

Pas de panique !

Prenez votre temps, sans excès. Faites les choses correctement, en évitant les terrains dangereux, les visions morbides, les thèmes obsessionnels.

Pas de panique, le but n'est pas de dire le plus vite le plus de choses. Le chronomètre est là pour apporter une information supplémentaire dans l'analyse de vos réponses, il n'est ni bien ni mal de prendre son temps ou de répondre rapidement.

Une fois les dix planches présentées, le psychologue les reprend une par une, relit à voix haute vos réponses et vous demande de situer sur la tache ce que vous avez vu.

Il cherchera à voir comme vous vous avez vu, afin de bien comprendre vos réponses. Enfin, à la fin de l'épreuve, il peut vous demander de choisir la planche que vous avez le plus aimé, et celle que vous avez le plus détesté.

Les tests de personnalité au service du recrutement

L'utilisation des tests lors du recrutement a pris beaucoup d'ampleur ces dernières années. Après une vague de succès dans les années 70, les recruteurs avaient un peu laissé de côté les tests, les jugeant trop inquisiteurs, peu performants, et surtout mal adaptés à l'entreprise.

Depuis, les fabriquants de tests ont affiné leurs outils grâce à une étroite collaboration avec les ressources humaines.

Une entreprise sur deux utilise les tests de personnalité

Les tests sont aujourd'hui performants, pointus et l'informatique n'a fait qu'accroître ce nouvel engouement. Un sondage effectué par la

Sofres dans le milieu des années 90 révélait qu'une entreprise sur deux utilise les tests dans son protocole de recrutement. Ils arrivent en deuxième ou troisième position dans les méthodes de recrutement après l'entretien, bien sûr, et la graphologie. Ce sondage nous apprend également que ce sont les tests d'aptitude qui tiennent le haut du pavé suivis de près par les tests de personnalité.

Qui est testé ?

Pratiquement tout le monde est testé mais une préférence apparaît dans les statistiques pour les non-cadres. En effet, pour les cadres, les recruteurs préfèrent plutôt s'entretenir plusieurs fois avec le candidat.

Aujourd'hui, tout le monde est testé, en particulier les non-cadres, qui ont la réputation de parler moins facilement de leur personnalité...

Mais là encore, l'informatique a tout bouleversé et beaucoup d'entreprises ne font plus de différence entre leur recrutement cadre et non-cadre. Une autre tendance a pu être mise à jour : on présente plus facilement aux commerciaux et manager des tests de personnalité qu'aux techniciens auxquels on propose plus facilement des tests d'aptitude.

Qui les utilise ?

Il apparaît que les cabinets de recrutement utilisent plus souvent les tests de personnalité que les entreprises elles-mêmes. Dans ces cabinets, vous aurez d'ailleurs plus de probabilité d'être reçu par un psychologue. Ce qui explique que c'est dans ce cadre que sont utilisés le plus souvent les tests projectifs.

Dans quelles situations ?

Lors d'un recrutement bien sûr, mais il peut se passer dans différentes situations : il peut s'agir d'un recrutement par le consultant d'un cabinet, par le DRH d'une entreprise, par un chasseur de

Les cabinets de recrutement, toujours hantés par la recherche d'un recrutement rationnel, voire scientifique, raffolent des tests de personnalité, surtout des tests projectifs.

tête, par un consultant en out-placement. Enfin, mais c'est plus rare, l'entreprise pour laquelle vous travaillez peut vous proposer un test de personnalité dans le cadre d'une promotion interne.

Ce que les entreprises attendent des tests

Le recruteur veut ne pas se tromper dans son embauche. Face à tous les candidats qu'il reçoit et qui tous affirment être le meilleur, comment choisir ? Le recruteur est face à un double objectif : trouver un candidat qui soit non seulement compétent pour le poste à pourvoir mais aussi apte à s'intégrer dans l'entreprise, et prêt à adopter, s'il y a lieu, l'« esprit maison ».

L'utilisation des tests de recrutement, et particulièrement des tests de personnalité, lui est alors d'un grand secours. Ceci pour plusieurs raisons.

Guider le choix final

Il n'est pas facile de « cerner » une candidature à la simple lecture d'un CV, ni par un seul entretien d'embauche. Imaginez seulement tout ce qu'un recruteur doit savoir après avoir lu votre CV. Il étudie votre parcours professionnel à la loupe et doit en déceler les succès comme les échecs. Il doit rapidement avoir un bon aperçu de vos connaissances, de vos compétences, de votre aptitude à maîtriser de nouvelles qualités. Il doit aussi « mesurer » votre capacité d'enthousiasme, de dynamisme pour vous intégrer dans une nouvelle société à un nouveau poste. Pas facile !

Les bons recruteurs se rappellent tous avoir laissé échapper un candidat qui par la suite s'est révélé être un excellent commercial (mais chez leur concurrent direct !), et ceci à cause d'une erreur d'appréciation commise lors de l'entretien.

Pour ne pas laisser passer la perle rare dont ils ont besoin, les recruteurs utilisent de plus en plus les tests de personnalité. L'outil informatique a grandement participé à cet essor. Fini les corrections au crayon et les diagrammes à tracer, l'ordinateur fait tout, tout seul.

Il est plus facile de « gonfler » son CV que de trafiquer ses réponses dans un test de personnalité. A l'inverse, aucun recruteur n'a envie de laisser échapper un bon candidat pour une simple faute d'inattention. Les tests sont supposés éviter cet écueil.

Éviter de se tromper

Décider d'embaucher une personne plutôt qu'une autre n'est pas facile. Si ce choix se révèle positif, tant mieux, sinon il faut tout recommencer, de la rédaction du texte de la petite annonce au dépouillement des CV en passant par les entretiens ! Même pour les grandes entreprises qui ont une DRH qui ne fait que du recrutement, une embauche ratée représente une somme considérable d'énergie gâchée. Les recruteurs veulent donc mettre de leurs côtés toutes les chances de ne pas se tromper. Or, la meilleure façon est de ne pas décider d'une embauche en s'appuyant sur une seule méthode ; ils doivent recouper plusieurs sources d'informations pour être sûrs de leur décision.

C'est ainsi que vous pourrez entrer dans un protocole de recrutement qui comporte plusieurs entretiens, une étude graphologique, un test d'aptitude et un de personnalité. Vous voyez ainsi que les tests sont importants, mais qu'ils ne sont pas les seuls critères de l'embauche. Ils n'ont pas de pouvoir de veto.

Autrement dit, si vous échouez à un test, votre candidature n'en sera pas pour autant définitivement rejetée. Les tests ne sont que des outils d'aide à la décision. En fait, c'est surtout les entretiens et la qualité du contact que vous établirez avec votre interlocuteur qui le renseignera sur votre personnalité (voir plus loin notre paragraphe intitulé : « L'entretien à la suite du test de personnalité », page 129).

Essayer d'être objectif

Les tests ne laissent pas de place à la subjectivité. Le recruteur peut, en effet, être favorablement influencé par votre CV, car vous faites les mêmes études que son fils. Ou bien l'entretien peut mal se dérouler car vous êtes fatigué ce jour-là, ou le recruteur qui vous reçoit a des soucis en tête. Le recruteur agit avec sa propre personnalité, qui peut être bien différente de la vôtre, ou peut être bien trop proche ! Bref, beaucoup d'éléments peuvent perturber le sens de l'analyse du recruteur. La situation d'un recrutement est une situation bien particulière tant pour vous que pour votre interlocuteur.

Même si vos résultats sont désastreux, sachez que vous aurez toujours un oral de rattrapage. L'entretien de synthèse après le test vous donne votre chance de convaincre !

D'un côté, le candidat qui cherche à montrer le meilleur de lui-même, à cacher ses défauts, tout en vérifiant que le poste lui plaît vraiment, de l'autre le recruteur qui s'intéresse aux mêmes qualités présentées et aux mêmes défauts cachés, tout en vérifiant que le candidat convient vraiment au poste à pourvoir et qu'il pourra s'adapter rapidement au sein de l'entreprise !

Les tests, et plus particulièrement bien sûr, les tests de personnalité, lui apporteront des données bien plus objectives. N'oubliez jamais que les tests sont des instruments de mesure scientifiquement étalonnés, et qu'ainsi leurs résultats n'en sont que plus rigoureux.

Un excellent moyen de faire un premier tri

Il n'est pas rare que pour une seule petite annonce passée une entreprise reçoive de deux cents à trois cents CV et lettres de motivation. Or, lorsqu'une entreprise fait connaître ses besoins en recrutement, les postes à pourvoir le sont généralement rapidement. Il ne faut pas traîner. Une fois le premier tri effectué, puis la première vague d'entretien faite, le recruteur peut se retrouver face à dix bons candidats, dont cinq ou six lui semble excellents. Comment choisir ? Comment être sûr de ne pas privilégier un candidat par rapport à un autre ?

Les tests de personnalité ont l'avantage d'être les mêmes pour tous, ils sont donc un excellent outil pour comparer les candidats entre eux. Comme vous le lirez plus loin au sujet de leur fabrication, les tests sont étalonnés sur une population standard. La comparaison des qualités, des forces et des faiblesses de chacun des candidats en est que plus facilitée. Rapidement, le recruteur sait lesquels des candidats sont en adéquation avec le profil de personnalité défini pour le poste.

Quand il reste dix bons candidats d'égale compétence pour le poste, comment les départager en gardant une certaine rigueur ? Les tests peuvent constituer un excellent moyen.

Un procédé peu onéreux

L'entreprise qui embauche n'a pas le droit à l'erreur pour des raisons de temps mais aussi pour des raisons d'argent. Il faut faire vite et bien. Deux qualités que présentent les tests de personnalité.

Pour 10 000 ou 15 000 francs, l'entreprise s'équipe d'un test sur informatique.

Elle pourra le faire passer à autant de candidats qu'elle le désire. Autre formule : elle peut louer les compétences d'un cabinet de recrutement qui fera passer les tests pour elle.

Le recruteur peut même choisir les tests qui seront présentés à ses candidats. Une évaluation externe coûte environ 3 000 francs pour l'entreprise demandeuse.

Faciles et rapides à utiliser : une tentation pour les PME

Difficile d'être recruteur ! Toutes les entreprises n'ont pas dans leur équipe un recruteur chevronné, rodé aux ficelles du métier, sachant poser les bonnes questions au bon moment, le tout pour se faire rapidement une opinion de qualité !

Dans certaines PME, ce sont les chefs de projet eux-mêmes qui utilisent les tests de personnalité.

Dans les PME, il n'est pas rare que l'on demande à un ingénieur chef de projet, par exemple, de recruter son assistant. Ou au comptable de recruter la secrétaire qui manque.

Si ces personnes n'ont pas toutes les qualités d'un recruteur, elles ont cependant l'avantage d'être sur le terrain et, par conséquent, de pouvoir donner une exacte définition du poste à pourvoir et donc, des qualités qu'il faut posséder. Les tests de personnalité sont là un outil essentiel pour eux. Faciles d'utilisation, ils leur apportent une aide précieuse.

Recruter des gens conformes à la culture maison

Aujourd'hui, les entreprises sont fières de leur culture maison. Elles revendiquent haut et fort un label d'appartenance commun à tous leurs salariés qui tous se retrouvent en elles. Il est important pour un recruteur de savoir si le candidat qu'il désire recruter pourra accepter, s'intégrer, dans ce « moule maison ». Il peut être dans les coutumes d'une entreprise d'organiser des matches de football tout au long de l'année, dans le but de créer des liens et de favoriser le dynamisme des équipes.

S'il apparaît dans vos tests de personnalité que vous ne supportez pas les sports d'équipe et que vous préférez faire une nette démarcation entre votre vie professionnelle et votre vie privée, vous aurez du mal à accepter la culture de cette entreprise.

Comprendre vos valeurs, votre état d'esprit

Le recruteur veut s'assurer que vous êtes fait pour travailler chez lui, que les valeurs que défend son entreprise sont les vôtres.

Les tests de personnalité sont là encore, une aide importante. En faisant ressortir votre profil de personnalité, ils apportent au recruteur de précieux éléments pour savoir si vous êtes en adéquation ou non avec l'esprit maison. Ne soyez pas déçu si ce n'est pas le cas. Vous seriez le premier malheureux si vous étiez obligé de travailler dans une entreprise dont les valeurs vous déplaisent ou vous indiffèrent.

Serez-vous adapté à l'esprit maison ? Cette grande inquiétude des entreprises au moment de recruter nourrit les orientations des tests de personnalité. Si l'entreprise a ses « valeurs », les partagez-vous ? Voilà ce dont veut s'assurer le recruteur.

Pour toutes ces raisons, les recruteurs ont adopté les tests dans le recrutement, et ils ne sont certainement pas près de s'en passer !

Régulièrement quelques outils nouveaux leur sont proposés, la plupart du temps plus farfelus les uns que les autres : astrologie, morphoanalyse, numérologie, etc. qui n'ont pas la rigueur des tests élaborés par de véritables professionnels comme vous allez le voir plus loin. Ces techniques loufoques ont surtout en commun l'absence totale de mesure scientifiquement ou objectivement contrôlables.

Difficile de refuser de les passer si elles vous sont présentées (voir plus loin notre paragraphe : « Peut-on refuser de passer un test ? », page 137). Vous pouvez cependant vous poser des questions sur le sérieux et la rigueur de l'entreprise qui vous propose de telles épreuves lors d'un recrutement. Savoir que votre embauche va être décidée suivant la forme de votre visage (morphoanalyse), le nombre pair ou impair que l'on peut tirer de votre nom et prénom (numérologie) ou de votre signe astral (astrologie) peut vous laisser songeur...

Comment les recruteurs choisissent les tests

Les recruteurs ont à leur disposition de nombreux tests. Vous lirez en dernière partie de cet ouvrage le hit-parade des dix tests de personnalité les plus utilisés. Tous sont compétents et fiables. Alors, pourquoi le recruteur que vous avez rencontré vous a fait passer ce test de personnalité plutôt qu'un autre ? C'est une question que vous pouvez poser au recruteur, elle montrera votre intérêt pour le protocole d'embauche de cette entreprise.

Vous êtes peut-être révolté par les tests de personnalité... Au moins ont-ils une base plus solide que la numérologie ou l'astrologie, parfois utilisées, elles, à l'insu des candidats !

Le recruteur choisit un test de personnalité en fonction de ses habitudes, bien sûr, mais surtout en fonction des critères de personnalité qu'il souhaite explorer pour tel ou tel poste. Certains tests sont particulièrement appréciés pour recruter des commerciaux, d'autres permettront de mieux cibler les qualités humaines et relationnelles d'un individu.

La technique de fabrication des tests

Nous avons décidé de vous présenter ici la partie technique des tests de personnalité. Il nous a semblé important que vous sachiez comment ces tests sont construits afin de mieux comprendre leur fonctionnement et leur finalité. En observant les rouages d'un test de personnalité vous saurez déjà mieux comment en faire un allié pour votre recrutement.

La définition d'un cahier des charges

Pour comprendre la rigueur utilisée pour créer un test de personnalité, il faut auparavant en connaître les tenants et les aboutissants, c'est-à-dire savoir ce que représente exactement un test et ce qu'il analyse. René Zazzo, l'un des pères fondateurs de la psychologie moderne, définissait ainsi les tests : « Un test est une épreuve strictement définie, dans son mode d'application et de notation, permettant de situer un sujet par rapport à une population définie. »

Encore une autre définition, plus technique celle-ci. Elle est de Reuchlin : « Un test est une technique permettant une description quantitative contrôlable du comportement d'un individu placé dans une situation, par référence au comportement des individus d'un groupe défini placé dans la même situation. »

On voit par ces deux définitions – il en existe bien d'autres, d'ailleurs – que l'analyse et l'utilisation de tests de personnalité nécessitent beaucoup de sérieux et de rigueur.

Ciblé pour un maximum d'efficacité, un test comporte un cahier des charges strict qui définit ce qui doit être repéré et mesuré.

Rien à voir avec les tests des magazines

Attention à ne pas confondre test et test. Les tests de recrutement, et particulièrement ceux de personnalité, sont de véritables outils de mesure scientifiques.

Les tests qui se trouvent dans les magazines pour savoir si vous êtes soit une « femme-pantoufle », soit une « femme-escarpin », soit une femme d'affaires n'ont, en revanche, rien à voir avec ce dont nous parlons. Ils ne sont pas conçus par des professionnels et ne sont là que dans le but de vous divertir.

La fabrication sur mesure

Les inventeurs et concepteurs des tests sont des psychologues, la plupart du temps, spécialisés dans le monde du travail. La commande d'un test peut venir d'une entreprise, ou bien plusieurs psychologues peuvent s'associer et créer une société d'édition dont le catalogue sera composé de divers tests de recrutement. La procédure qui conduit à la fabrication d'un test est longue, et ceci principalement, car elle est rigoureuse. De deux à cinq années sont nécessaires. Cette fabrication se déroule en plusieurs étapes.

La définition d'un cahier des charges

Il ne faut pas moins de deux à cinq ans pour fabriquer un nouveau test. Il faut donc que la demande soit précise, et la démarche rigoureuse et conduite par des professionnels.

Le premier temps consiste dans ce que nous pourrions appeler le « cahier des charges », c'est-à-dire, qu'est ce que le test désire mesurer. Pour un test de personnalité, les critères de la personnalité à mesurer seront listés et classés par ordre d'importance. Pour tester les aptitudes nécessaires à un comptable, il sera primordial de mesurer son souci du détail et sa précision, il sera aussi nécessaire, mais c'est moins important, de pouvoir mesurer sa capacité à travailler en équipe et à transmettre des informations.

Une fois ces critères à mesurer listés, les concepteurs du test vont devoir créer toutes les questions qui permettront d'évaluer cet item. Les questions sont rédigées et soumises à l'approbation de plusieurs afin qu'aucun terme ne soit difficile à comprendre. Le test est alors prêt à être testé ! c'est ce qu'on appelle en langage savant : les préexpérimentations.

La validation du test

C'est là que les concepteurs peuvent s'apercevoir que certaines questions sont mal posées, ou sont biaisées, c'est-à-dire qu'elles ne mesurent pas l'item qu'elles étaient censées mesurer. C'est à ce moment-là qu'on évalue ce qu'on appelle la « fidélité » du test. La fidélité est ce qui permet d'assurer que le test est fiable, qu'il mesure ce pour quoi il a été créé. La meilleure preuve de la fidélité d'un test serait de pouvoir le faire passer à deux individus semblables et de trouver les mêmes résultats. Il est bien sûr utopique de penser pouvoir trouver deux personnes aussi identiques. On pallie cette impossibilité en utilisant un subterfuge qui consiste à faire répondre au même test un même candidat à environ quinze jours d'intervalle, la fidélité est assurée si l'on trouve les mêmes résultats ou presque.

La création d'une grille de résultats

Parmi les conditions requises pour établir un bon test de personnalité, il y a l'étalonnage et la standardisation. Ce sont ces deux conditions qui vont donner du sens aux résultats.

Longuement validée auprès de « cobayes », chaque question des tests a été examinée et évaluée pour savoir si elle était bien posée. Parfois difficile à croire quand on découvre certaines questions !

L'ÉTALONNAGE

Puisque vous avez compris que le test est un instrument de mesure, vous n'aurez pas de mal à comprendre qu'il faut, par conséquent, bien comparer cette mesure à quelque chose qui servira de référence. Par exemple, la référence de la balance est le kilogramme. Chaque candidat qui répondra aux questions du test devra pouvoir être comparé à un groupe de référence qui aura servi d'étalon. Le score obtenu lors de la validation par le groupe étalon sert donc de base pour le recrutement des candidats.

Si, par exemple, le groupe étalon composé pour ce faire de jeunes diplômés a obtenu un score élevé en dynamisme et en ambition, on en attendra de même de la part de tout candidat jeune diplômé. On comparera son score par rapport à ce groupe étalon.

LA STANDARDISATION

On ne pourra comparer les résultats d'un individu au groupe étalon que si, et seulement si, il a passé le test en question dans les mêmes conditions. C'est-à-dire que la consigne donnée, le temps de passation, la correction doivent être rigoureusement les mêmes. Si le groupe étalon a passé le test en deux fois, et le candidat en une seule, les résultats ne seront plus comparables.

On appelle cette condition la « standardisation ». L'idée est que l'on ne peut comparer que ce qui est comparable.

Difficile de faire pareil pour tous, car il y a des données sur lesquelles on ne peut pas faire grand-chose. Ainsi, certains candidats qui se présentent à un test de personnalité arrivent anxieux tandis que d'autres sont d'un naturel plus détendu.

Il n'y a pas de résultat dans l'absolu aux tests de personnalité. Les vôtres seront comparés à celui du groupe étalon défini au départ.

Chaque test est vendu au recruteur avec un précieux livret d'utilisation qui leur explique par le menu comment, dans quelle condition et de quelle manière faire passer leur test.

Le problème est que tous les recruteurs n'étant pas des psychologues, leur rigueur laisse parfois un peu à désirer. Telle entreprise adressait ainsi au domicile des candidats, qu'elle avait présélectionnés sur curriculums vitæ, les tests de personnalité qu'elle désirait leur faire passer. Elle ignorait alors le temps qu'ils avaient mis à répondre au questionnaire, la façon dont ils s'y étaient pris et surtout si c'était bien eux qui y avaient répondu !

Les vérifications finales

Enfin, la dernière étape consiste à bien vérifier que le test de personnalité nouvellement créé possède bien les qualités sine qua non à sa distribution. Il s'agit de :

— **sa sensibilité**. C'est elle qui va permetret de faire une comparaison fine et précise entre individus. Deux candidats qui auront presque le même score à un critère en auront pourtant une interprétation différente ;

— **sa validité**. La finesse de cette qualité permet d'évaluer si ce qui a été mesuré par le test est effectivement ce qui était prévu qu'il mesure. Un test de personnalité qui évaluerait le caractère d'une personne ne serait pas un test de personnalité. Le caractère étant l'expression de la personnalité, il n'en est pas la définition. Pour mesurer cette validité, on va faire passer au groupe référent un autre test presque identique, mais dont la validité à déjà été établie. Si les résultats à ces tests sont homogènes au premier, on pourra étendre la validité de l'un à l'autre. C'est sur ce point, vous vous en doutez, que les détracteurs des tests s'en donnent à cœur joie…

Le protocole tout entier fait partie du test et de sa définition. Qui le fait passer, où, en combien de temps sont des données essentielles pour sa validité.

Chapitre II

pages 41 > 81

LES PRINCIPAUX TESTS PROJECTIFS

Si nous n'avons pas le droit de reproduire à l'identique les questions des tests de personnalité, nous avons le droit de les présenter. Les exemples que nous donnons sont donc « à la manière de... », ils essaient de coller au plus près de la réalité sans pour autant la dévoiler.

Vous trouverez dans cette partie les dix tests de personnalité les plus couramment utilisés dans les entreprises et les cabinets de recrutement. Il en existe bien sûr beaucoup d'autres, mais nous ne pouvons tous vous les présenter.

Soyez rassuré, ceux qui se trouvent ici sont les principaux, vous avez 90 % de chance qu'ils vous soient proposés.

Il est impossible de reproduire les questions qui sont posées dans ces tests. D'une part, une loi éditoriale en protège la publication. D'autre part, les concepteurs de tests sont des gens sérieux. Ils ne mettent pas leurs tests en vente libre, et il ne suffit pas d'en faire la demande. Il faut que l'entreprise explique pourquoi elle veut faire passer des tests, pourquoi elle désire acheter ce test-là, comment elle compte l'utiliser, par qui et à qui elle va le faire passer, etc. Elle s'engage parfois à faire former ses recruteurs au dépouillement, à l'analyse et au compte rendu des résultats.

Mais, si nous n'avons pas le droit de reproduire à l'identique les questions des tests de personnalité, nous avons le droit de les présenter. Les exemples que nous allons vous donner sont donc « à la manière de… », ils essayent de coller au plus près de la réalité sans pour autant la dévoiler.

Les tests de personnalité sont assez confidentiels, on ne peut pas les acheter facilement, ni les reproduire. Cela ne nous interdit pas de vous en expliquer le mode d'emploi !

L'abus des tests projectifs

Beaucoup de psychologues, dont l'auteur de ces lignes, pensent que les tests projectifs ne devraient pas avoir leur place dans une procédure de recrutement. Car dans ce genre d'épreuve, le candidat ne maîtrise pas du tout ce qu'il dit. Inconsciemment, il ne parle que de lui, de sa manière d'être inconsciente. Vous pensez avoir raconté une histoire tout à fait anodine et banale à propos d'une planche du TAT, vous venez en fait de parler de votre peur de l'avenir et de l'inconnu.

Vous écrivez un dialogue sur une planche BD sans trop y réfléchir, et vous donnez des informations à votre recruteur sur votre manière d'être avec les autres et de travailler en équipe. Ces tests sont là pour faire parler votre inconscient, pour faire émerger des choses personnelles que vous ne connaissez pas forcément ou que vous ne voudriez peut-être pas révéler à votre futur employeur.

Que l'on soit pour ou contre l'usage des tests projectifs, cela n'empêche pas les entreprises de les utiliser avec l'aide de psychologues rémunérés pour cela. Mieux vaut donc s'y préparer au cas où…

Déontologiquement, est-ce bien le rôle d'un psychologue – et d'un test psychologique ? – de les révéler ainsi à votre insu pour le bien de l'entreprise… mais pas forcément pour celui du candidat à l'emploi. Malheureusement, ce n'est pas l'avis des entreprises, ni celui de certains psychologues, et puisque ces tests vous seront peut-être proposés, nous en parlerons ici pour que vous puissiez vous en tirer au mieux grâce à nos conseils.

N'ayez pas peur de votre inconscient

Si vous avez eu une enfance malheureuse, vivant avec des parents qui se disputaient tout le temps, vous pouvez aujourd'hui avoir du mal à vous engager vous-même dans une vie de couple. Vous n'en serez pas moins un bon cadre commercial ou un bon employé ! Ces informations privées ne devraient pas être mises à la connaissance de votre potentiel employeur.

Si les tests projectifs vous sont proposés, vous pouvez donc refuser de les passer, en argumentant intelligemment. Si vous décidez de les passer quand même, lisez bien les conseils qui vont suivre, car si vous êtes trop prudent, vous risquez de saboter le test ce qui est un risque plus important que celui de refuser de le passer.

Le test des bulles ou test des bandes dessinées

Ce test des bulles a d'autres appellations, il est également nommé « test des bandes dessinées », « test de frustration », ou « test de Rosenzweig ». Ce test consiste à présenter au candidat vingt-quatre planches de bandes dessinées très simples, sur lesquelles deux personnages se parlent alors que la bulle de l'un d'entre eux est vierge.

Dans le test des bandes dessinées, vous êtes confronté à des situations d'agressivité. Les différentes réponses possibles sont révélatrices de votre attitude face à ce genre de problème.

Les modalités pratiques

La consigne est la suivante : *« Imaginer ce que la personne figurant sur l'image répondrait et écrire dans la case vide la toute première réponse qui vous vient à l'esprit. »*

Le recruteur peut vous laisser seul face aux planches, il peut également rester là et noter vos réponses. Il pourra alors vous demander d'approfondir telle ou telle réponse. La passation dure environ trente minutes.

Un exemple de question

Voici un exemple « à la manière de » qui pourra vous être présenté.

La planche représente une femme et un homme face à face, la femme dit : « Où as-tu encore égaré les clefs de la voiture ? », vous devez écrire dans la bulle de l'homme, sa réponse. Vous allez vite comprendre qu'il y a une différence entre ces trois réponses possibles :

— « Je ne sais plus, d'ailleurs c'est toi qui les as rangées la dernière fois » ;

— « J'en assez que tu me poses toujours cette question ! » ;

— « Je ne sais plus, mais réfléchissons

ensemble, on va bien finir par se rappeler où sont ces clefs. »

Le principe d'interprétation des réponses

Vous n'avez pas tellement le choix face à l'agression : vous fuyez, vous attaquez, ou vous essayez de négocier...

Dans la première réponse, vous vous montrez comme quelqu'un qui se défausse de ses responsabilités au sujet d'un problème somme toute assez banal. Le recruteur peut donc se demander comment vous réagiriez face à un problème de plus grande ampleur. Pourra-t-il compter sur vous ?

Dans la deuxième réponse, vous vous montrez comme quelqu'un qui rentre immédiatement dans le conflit. La vie d'une entreprise est semée de mini-conflits de la sorte, votre recruteur peut se demander si vous pourrez vous y adapter sans être en permanence sur la défensive.

La troisième réponse est plus banale, elle montre que vous êtes prêt à chercher intelligemment une solution, et, chose importante, que vous êtes prêt à le faire « à deux », donc en équipe. Or les entreprises ont généralement besoin de gens comme vous qui savez créer une équipe autour d'eux pour réfléchir à un problème.

Vous tester en situation de frustration

Ce test des bulles repose sur une hypothèse, celle dite de la frustration/agression. Dans toutes les situations présentées, le héros, auquel vous allez forcément vous identifier puisque c'est sa bulle à lui que vous allez devoir remplir, trouve un obstacle à la satisfaction d'un besoin.

Comment répondez-vous aux agressions ?

Le principe est que les réactions d'une personne dans une situation de frustration sont révélatrices de sa personnalité. C'est pourquoi les planches mettent en jeu un dialogue où généralement le héros a à répondre à une parole agressive. Par exemple : « C'est vous qui avez volé cet argent ! », « Comment faites-vous pour être aussi stupide ? ».

Que ferez-vous de cette charge agressive à laquelle on vous confronte ? La renvoyer à son auteur, la prendre sur vous, ou l'évacuer ?

LES DEUX ÉLÉMENTS ANALYSÉS

Dans tous les cas de figure, vous allez répondre à cette agressivité par une parole agressive. Votre réponse sera examinée selon deux critères : la direction de l'agression et le type de réaction.

LA DIRECTION DE L'AGRESSION

Elle peut prendre trois aspects :

— elle est extra-punitive si l'agression en réponse est dirigée vers l'auteur de la frustration. Exemple : « C'est vous le voleur, et vous le savez bien ! »

— elle est intra-punitive si l'agression en réponse est dirigée contre vous-même : « Oui, c'est vrai, c'est de ma faute, je n'aurais jamais du voler cet argent ».

— elle est impunitive quand l'agression en réponse n'existe pas ou qu'elle est minimisée ou bien qu'elle écarte la responsabilité des deux protagonistes.

Exemple : « Mais enfin voyons, vous savez bien que ce n'est pas moi, nous allons en parler ensemble tranquillement. »

LES TYPES DE RÉACTION

Elles sont au nombre de trois :

— il y a prédominance de l'obstacle si vous insistez sur la frustration créée.

Exemple : « Votre accusation est terrible ! Cette

(suite page 50)

LES 24 PLANCHES DU TEST DES BULLES

Voici, faite sous forme de résumés, la description des vingt-quatre planches qui vous seront présentées. Vous pouvez ainsi vous entraîner.

■ **PLANCHE 1** : une voiture a éclaboussé un piéton, le conducteur s'excuse, le piéton éclaboussé doit répondre.

■ **PLANCHE 2** : une femme est invitée chez une autre. Elle vient de casser un vase. La maîtresse de maison explique que sa mère tenait beaucoup à ce vase. L'invitée répond.

■ **PLANCHE 3** : deux femmes assistent à un spectacle. L'une d'entre elles est gênée car une troisième femme placée devant elle porte un chapeau très imposant. Son amie lui en fait la remarque, la première femme répond.

■ **PLANCHE 4** : un homme s'excuse auprès d'un deuxième homme, car il lui a fait rater son train à cause d'une panne de voiture. L'autre doit répondre.

■ **PLANCHE 5** : une femme rapporte à son bijoutier la montre qu'elle lui a achetée récemment et qui ne marche pas pour la troisième fois. Le bijoutier répond.

■ **PLANCHE 6** : dans une bibliothèque, une femme désire emprunter quatre ouvrages. Le bibliothécaire lui fait remarquer qu'elle n'a droit d'emprunter que deux livres. Elle répond.

■ **PLANCHE 7** : dans un restaurant, le garçon reproche à son client d'être trop difficile. Le client répond.

■ **PLANCHE 8** : deux hommes discutent au bureau. Le premier dit à l'autre que sa petite amie l'a invité à sortir. Le deuxième répond.

■ **PLANCHE 9** : il pleut et la scène se passe dans un magasin de parapluies. Le vendeur explique à son client qu'il ne pourra lui en vendre un que cet après-midi, quand son patron sera de retour. Le client lui répond.

■ **PLANCHE 10** : un homme accuse un autre d'être un menteur, celui-ci doit répondre.

■ **PLANCHE 11** : une personne est réveillée par erreur par le téléphone à deux heures du matin. Elle répond.

■ **PLANCHE 12** : deux hommes sont

venus rechercher leur chapeau. Le premier dit à l'autre qu'il ne retrouvera pas le sien puisque quelqu'un l'a emporté par mégarde, laissant le sien à sa place. Le second répond.

■ **PLANCHE 13** : un homme dit à un autre à qui il avait fixé un rendez-vous qu'il ne peut plus le recevoir, l'autre répond.

■ **PLANCHE 14** : deux femmes en attendent une troisième. L'une fait remarquer à l'autre que cette dernière est en retard de dix minutes. L'autre répond.

■ **PLANCHE 15** : dans une salle de jeu, une femme dit à son ami l'erreur qu'elle a faite et qui les a fait perdre tous les deux. L'homme répond.

■ **PLANCHE 16** : il vient de se passer un accident de voiture impliquant deux hommes. L'un dit à l'autre qu'il n'avait pas le droit de doubler. Le second répond.

■ **PLANCHE 17** : un homme et une femme sont ensemble. L'homme a perdu les clés de sa voiture. La femme lui en fait le reproche et l'homme doit répondre.

■ **PLANCHE 18** : dans une boutique un vendeur s'excuse auprès d'un client car il n'a pas l'article qu'il veut. Le client répond.

■ **PLANCHE 19** : un policier et un automobiliste sont en conversation. Le policier lui reproche son excès de vitesse. Le conducteur répond.

■ **PLANCHE 20** : une personne demande à une autre pourquoi elles n'ont pas été invitées à une réception. L'autre répond.

■ **PLANCHE 21** : une femme annonce à deux autres femmes que la femme dont elles disaient du mal est à l'hôpital. L'une des deux premières femmes répond.

■ **PLANCHE 22** : un passant demande à un homme qui vient de tomber s'il s'est fait mal. L'homme répond.

■ **PLANCHE 23** : une femme dit à son mari, chargé de valises, que sa tante vient d'appeler et qu'elle leur demande de l'attendre, car elle voudrait leur dire un petit bonjour.
L'homme répond.

■ **PLANCHE 24** : un homme rend son journal à un autre homme en s'excusant que son enfant l'ait complètement déchiré. L'homme répond.

(suite de la page 47)

situation est un véritable cauchemar ! ». Le psychologue découvrira ainsi si vous avez plutôt tendance à dramatiser ou si vous minimisez la frustration ou si vous donnez la possibilité de tirer profit de la situation pénible ;

Le fait que vous soyez capable de vous défendre n'est pas dépourvu d'intérêt. En effet, votre futur poste peut être très exposé au stress et aux frustrations.

— **il y a émergence d'une défense si vous répondez sur ce que vous ressentez.** Exemple : « Je suis très affligé et je ne me remettrai jamais d'une telle accusation ». Le psychologue évaluera ici si vous rejetez complètement la responsabilité sur l'autre, si vous la prenez à votre compte ou si vous affirmez que personne n'est responsable ;

— **il y persistance du besoin si vous cherchez à résoudre vous-même le problème :** « Je vais vous prouver moi-même que ce n'est pas moi. »

Il y a donc neuf combinaisons possibles du type de réaction et de la direction de l'agression. Le psychologue comparera la fréquence des combinaisons que vous avez employée à une population de référence. Il saura ainsi de combien vous déviez de la moyenne et quelle est votre réaction type face à la frustration.

Comment mettre toutes les chances de votre côté

Pour répondre au mieux dans le test des bulles, il vous faut privilégier les réponses de la vie courante, banale, normale. Evitez de vouloir vous faire repérer pour votre originalité. Votre créativité sera certes remarquée, mais pas forcément appréciée. La neutralité est une opinion que l'on juge très diplomate dans les entreprises. Enfin, bridez votre esprit ludique, ce qui n'est pas simple puisque vous vous trouvez justement face à un matériel type jeu.

Ce test est fréquemment proposé dans les protocoles d'embauche des postes qui sont soumis à des frustrations importantes. Par exemple, dans tous les métiers de la vente, du simple vendeur, au directeur du marketing, il arrive souvent qu'une affaire ou qu'un contrat ne se concrétise pas après plusieurs mois de travail.

La frustration est alors importante pour toutes les personnes de l'équipe qui y ont travaillé. Le recruteur cherchera de préférence à embaucher des personnalités qui sont résistantes à la frustration et qui seront prêtes, le lendemain, à se lancer sur un nouveau marché sans ruminer les échecs.

En sait-on vraiment très long sur vous d'après la façon dont vous dessinez un arbre ? On peut en douter. N'entrons pas dans ce débat. Si on vous le demande, suivez nos conseils, et tout ira bien !

Le test de l'arbre

L'hypothèse suivante sur laquelle repose ce test a été formulée par Koch : la personnalité d'un individu se révèle à travers sa façon de dessiner un arbre. Ce postulat a été très critiqué, l'hypothèse se vérifiant dans certains cas, mais pouvant aussi se révéler complètement fausse dans d'autres.

Le déroulement du test

Cependant, ce test ayant eu beaucoup de succès dans le courant des années 70, certaines entreprises l'utilisent encore.

Comment se déroule ce test ? Une feuille blanche non quadrillée vous est présentée. La consigne est simple : *« Dessinez un arbre sur cette feuille, qui ne soit pas un sapin ».*

Quelques conseils

Soyez naturel, et dessinez un arbre simple. Pour ce faire, suivez les consignes suivantes : placez votre arbre au milieu de la feuille, et donnez-lui une taille en rapport avec la dimension de la feuille de papier.

■ **Faites un tronc droit** mais sans utiliser de règle (ce qui serait signe d'une trop grande rigidité), sans bosse, ni trou de chouette ou d'écureuil (signe de traumatisme ou de culpabilité). Faites ces deux traits parallèles, sans évasement au bas sur la gauche (signe d'un attachement excessif au passé).

Faites un dessin symétrique, avec des traits droits, sans excès, des traits qui se rejoignent et pas trop de détails.

■ **Au pied du tronc, d'un trait horizontal tracez la terre** en faisant attention de lui faire toucher les traits verticaux du tronc de l'arbre qui doivent arriver perpendiculairement avec ce trait. Oubliez les racines (signe de perturbation psychologique, d'instabilité), les feuilles et les fruits.

■ **Vous devez faire une couronne de branchages** mais faites attention à la faire symétrique à droite et à gauche (si elle penche à droite, c'est un signe d'auto-satisfaction, un besoin de se faire valoir, et si elle penche à gauche, c'est un signe d'introspection et de refus des difficultés), et évitez également de la faire partir à deux hauteurs différentes du tronc.

Dessinez, si vous en avez envie, des branches mais ne les déportez pas à gauche (signe d'égoïsme), ni en forme de lame (signe de violence), ni trop stylisé (signe d'un manque d'affection).

■ **Faites l'arbre le plus classique qui vous vienne en tête**, comme si votre dessin était destiné à un livre pour les enfants. Là où l'affaire se complique un peu c'est que le psychologue peut vous demander de dessiner quatre arbres les uns à la suite des autres. Dans ce cas, sachez que le psychologue va lire dans vos dessins :

— vos réactions et vos efforts pour affronter une épreuve inconnue (1er arbre) ;

— votre adaptation au quotidien(2e arbre) ;

— votre imagination, votre désir (3e arbre) ;

— votre petite enfance, vos problèmes les plus importants (4e arbre).

A vous d'avoir assez d'imagination pour quatre arbres simples ! Un conseil, entraînez-vous chez vous avec vos enfants, ils pourront vous donner des idées.

Si on vous demande de dessiner une série d'arbres, offrez-vous quelques fantaisies sans sortir des règles énoncées. Si on vous demande de fermer les yeux, faites ce que vous pouvez !

Dernière variante de la consigne, le psychologue vous demande après trois ou quatre dessins d'arbre, de dessiner un arbre imaginaire, comme vous pourriez en rêver. On a également entendu des psychologues demander de dessiner un dernier arbre mais les yeux fermés !

Le dessin de chaque arbre est analysé dans sa totalité. Le haut représente vos aspirations spirituelles, vos qualités intellectuelles. Le bas de votre dessin correspond à vos instincts, la gauche renvoie au passé, la droite, au contraire, symbolise l'avenir.

Le TAT (Thematic Apperception Test)

Ce test, avec le test du Rorschach, est un grand classique des tests psychologiques. Ce sont les deux « outils phares » des psychologues, qui sont formés pendant plusieurs années à leur utilisation pendant leur cursus d'études. Ce sont des tests très difficiles à analyser. Si le recruteur qui vous le fait passer n'est pas un psychologue de formation, son analyse ne vaudra pas grand-chose.

Le TAT se présente sous la forme de trente et une planches représentant des dessins, des gravures ou des photos, toujours en noir et blanc, à l'exception de la dernière planche, entièrement blanche.

Sur certaines se trouve un personnage seul, sur d'autres plusieurs protagonistes et enfin sur certaines, personne, juste un paysage. Il est parfois difficile de donner un âge, et même un sexe, au personnage représenté. Parmi ces trente et une planches, trois au moins représentent des personnages plus ou moins fantasmatiques.

L'hypothèse sur laquelle repose ce test est qu'en racontant vos histoires inventées sur le vif, vous parlez de vous, de votre inconscient.

Le déroulement du test

Heureusement, la totalité des planches ne vous sera pas présentée. Certaines sont spécifiques aux hommes, d'autres aux femmes et d'autres encore, aux enfants. On vous présentera en moyenne une quinzaine de clichés. Pour chacune d'entre elles la consigne est la suivante : *« Regardez bien cette planche et racontez-moi une histoire à partir de cette planche »*.

Il existe d'autres variantes où le psychologue peut vous demander une histoire avec un début, un milieu et une fin, ou une histoire avec un titre à chaque fois. Dans un protocole de recrutement, on vous fera passer la totalité du test en une seule fois. Dans la pratique clinique, le TAT se passe en deux séances distinctes.

L'idée est que le procédé langagier que vous utilisez pour la construction de vos récits renvoie aux mécanismes inconscients caractéristiques de votre organisation psychique.

Selon la pensée de Lacan, « l'inconscient est structuré comme un langage », votre parole est donc directement reliée à votre psychisme. Toutes vos réponses sont notées ainsi que le temps de votre récit.

Une fois terminés, vos scénarios seront analysés de deux façons : l'analyse formelle (c'est-à-dire la forme de vos récits) et l'analyse du contenu (c'est-à-dire le fond de vos récits).

L'analyse formelle

Si vous aviez l'occasion de lire plusieurs protocoles de TAT vous seriez surpris de la diversité des types de récits sur une même planche ! La manière dont vous vous exprimez lors de cette épreuve est déjà riche en informations sur vous. Cette analyse formelle vise à évaluer plusieurs choses :

La consigne à suivre très sérieusement est de réellement inventer une histoire d'après l'image, et de ne pas se cantonner à une description pure et simple.

VOTRE DEGRÉ DE COOPÉRATION ET VOTRE COMPRÉHENSION FACE À LA CONSIGNE

Si, par exemple, vous ne racontez pas d'histoire mais que vous ne faites que décrire la planche, soit vous n'avez pas compris la consigne, soit vous vous êtes violemment opposé à la directive.

Dans la vie professionnelle, il arrive que vous soyez confronté à des situations nouvelles, déstabilisantes, auxquelles il faut pourtant bien faire face.

Votre recruteur a des chances de croire que vous y réagirez comme vous l'avez fait pour la passation de ce test.

LA COHÉRENCE DE VOS HISTOIRES PAR RAPPORT AUX IMAGES PRÉSENTÉES

Mieux vaut que vos anecdotes collent aux images. S'il s'agit d'une planche avec un enfant jouant au ballon, n'allez pas raconter le dernier match de la Coupe du monde !

VOTRE QUALITÉ DE RÉCIT, DE CONSTRUCTION, DE VOCABULAIRE

L'analyse du contenu

Plusieurs points vont être ici analysés :

Évitez les risques : pour cela, identifiez-vous au maximum à un personnage qui vous ressemble socialement, et imaginez ensuite celui que vous voudriez être... ou celui que l'on voudrait recruter !

A LA PLACE DE QUEL HÉROS VOUS METTEZ-VOUS ?

Dans chaque planche, vous allez vous identifier à un personnage, généralement celui dont vous parlez le plus. Attention, à ne pas vous identifier à un personnage de sexe différent de vous, ou au personnage à qui vous attribuerez des sentiments dépressifs ou d'agressivité.

QUI SE CACHE EN VOUS ?

Le psychologue va analyser les besoins qui habitent et animent votre héros. Est-il du genre dévoué à aider les autres dans la détresse ? Est-il plutôt dominateur ? Est-il préoccupé par son apparence ? Est-il facilement irascible ? En fonction des résultats, le psychologue tirera des conclusions sur votre propre personnalité dont vous venez, en fait de lui parler.

QU'ARRIVE-T-IL À VOTRE HÉROS AU COURS DE VOTRE RÉCIT ET COMMENT CELA SE TERMINE-T-IL ?

Est-ce qu'il arrive toujours des malheurs à votre héros, finit-il par s'en sortir, ou la fin est-elle pire que le commencement ? Y a-t-il un thème récurrent dans vos récits ? Si vous parlez plusieurs fois des joies de la vie à la campagne ou de la mort qui rôde, le psychologue va relever cette récurrence et l'analyser.

Quelques conseils pour s'en sortir

Maintenant que vous connaissez les ficelles de l'analyse, voici quelques conseils pour vous en tirer au mieux. Essayer de coller aux images, ne vous embarquez pas dans des récits sans queue ni tête qui finissent aux antipodes de ce que montre la planche. Choisissez comme héros le personnage le plus proche de vous : même âge, même sexe, même motivation. Trouvez-lui des qualités proches de celles que vous imaginez qu'il faut avoir pour le poste en question à pourvoir.

Pour un poste de commercial, dotez votre héros de dynamisme, d'ambition, d'audace.

Pour un poste de secrétaire, parlez de précision, de respect des règles, d'amabilité, de contact facile avec les autres.

Faites attention aux personnages secondaires, qui peuvent être en arrière plan, ils sont censés représenter votre relation avec les autres. Les personnages âgés sont vos parents. Le psychologue sera particulièrement attentif à la manière dont vous en parlez afin de connaître votre rapport à l'autorité, votre respect des autres.

Vous l'aurez compris, le TAT est plus un outil clinique pour la thérapie qu'un outil professionnel pour le recrutement. Cependant, il est utilisé et surtout pour les postes de haut niveau.

N'optez pas pour l'originalité en croyant bien faire, faites dans la normalité. Evitez dans votre histoire de parler de violence, de désespoir, de sexe, de guerre, bref de tout ce qui fait peur d'une manière ou d'une autre. Ne faites pas non plus de récit mélodramatique style « soap opera ».

Ce que contient le TAT

Afin de ne pas être pris au dépourvu, voici un bref exposé de ce que vous verrez sur chaque planche. Le numéro est celui de la planche, la lettre qui suit indique si la planche est destinée aux hommes ou aux femmes.

Le code est le suivant : si la lettre G ou F est présente, elle concerne les femmes ; s'il s'agit de la lettre B ou M elle est pour les hommes. Si aucune lettre ne figure, la planche peut être présentée aux deux sexes.

LES PLANCHES DU TEST TAT

■ **PLANCHE 1** : un enfant contemple un violon posé sur une table devant lui.

■ **PLANCHE 2** : scène champêtre, au premier plan une jeune femme, des livres à la main ; à l'arrière-plan, un homme travaille aux champs et une femme âgée le regarde.

■ **PLANCHE 3 BM** : à terre, près d'un divan, la forme tassée d'un garçon, la tête repliée sur le bras droit. Près de lui, à terre, un revolver.

■ **PLANCHE 3 GF** : une jeune femme debout, tête baissée, figure cachée par la main droite. Le bras gauche étendu s'appuie sur une porte de bois.

■ **PLANCHE 4** : une femme saisit aux épaules un homme qui détourne la figure et le corps comme s'il s'efforçait de la repousser.

■ **PLANCHE 5** : une femme d'âge moyen, debout sur le seuil d'une porte entrouverte, regarde l'intérieur d'une pièce.

■ **PLANCHE 6 BM** : une femme âgée de petite taille, debout, tourne le dos à un grand jeune homme. Ce dernier baisse les yeux d'un air perplexe.

■ **PLANCHE 6 GF** : une jeune femme assise au bord d'un canapé regarde, par-dessus son épaule, un homme âgé, la pipe à la bouche et qui semble s'adresser à elle.

■ **PLANCHE 7 BM** : un homme, aux cheveux grisonnants, regarde un jeune homme qui fixe l'espace d'un air maussade.

■ **PLANCHE 7 GF** : une vieille femme assise sur un canapé, tout près d'une fillette, lui parle ou lui fait la lecture. La fillette, une poupée dans son tablier, détourne le regard.

■ **PLANCHE 8 BM** : un adolescent regarde droit vers l'extérieur de la gravure. D'un côté, on voit le canon d'un fusil, et à l'arrière-plan, dans le vague, une scène d'opération chirurgicale, comme une image de rêve.

■ **PLANCHE 8 GF** : une jeune femme assise, le menton dans la main, regarde au loin.

■ **PLANCHE 9 BM** : quatre hommes en tenue de travail sont couchés dans l'herbe, dans une position détendue.

■ **PLANCHE 9 GF** : une jeune femme, ayant en main une revue et un porte-monnaie, regarde, de derrière un arbre, une autre jeune femme en robe de soirée qui court le long d'une plage.

■ **PLANCHE 11** : une route bordant un profond précipice entre de hautes falaises. Sur la route au loin, des formes indistinctes. Surgissant du mur rocheux, sur un côté, la longue tête et le cou d'un dragon.

■ **PLANCHE 12 M** : un jeune homme couché sur un divan, les yeux clos. Penchée sur lui, la silhouette décharnée d'un vieil homme, étendant la main au-dessus du personnage couché.

■ **PLANCHE 12 F** : le portrait d'une jeune femme. Une vieille femme à l'air sinistre, un châle sur la tête, grimace à l'arrière-plan.

■ **PLANCHE 12 BG** : une barque arrimée sur la rive d'un cours d'eau bordée d'arbres. Il n'y a pas de personnage dans la gravure.

■ **PLANCHE 13 MF** : un jeune homme debout, la tête enfouie dans son bras. Derrière lui, une femme alitée.

■ **PLANCHE 13 B** : un petit garçon assis sur le seuil d'une cabane de rondins.

■ **PLANCHE 13 G** : une petite fille grimpe un escalier en colimaçon.

■ **PLANCHE 14** : la silhouette d'un homme ou d'une femme contre une fenêtre éclairée. Le reste de l'image est complètement noir.

■ **PLANCHE 15** : un homme décharné, les mains crispées, debout au milieu de tombes.

■ **PLANCHE 16** : planche blanche.

■ **PLANCHE 17 BM** : un homme nu suspendu à une corde. Il est en train soit de grimper, soir de descendre.

■ **PLANCHE 17 GF** : un pont sur l'eau. Une silhouette féminine se penche au-dessus de la balustrade. A l'arrière-plan, de grands bâtiments et de fines silhouettes masculines.

■ **PLANCHE 18 BM** : trois mains saisissent un homme par derrière. Les formes de ses adversaires sont invisibles.

■ **PLANCHE 18 GF** : une femme enserre de ses mains la gorge d'une autre femme qu'elle semble repousser contre la rampe d'un escalier.

■ **PLANCHE 19** : image étrange de formations nuageuses se déplaçant au-dessus d'une cabane couverte de neige dans la campagne.

■ **PLANCHE 20** : la silhouette faiblement éclairée d'un homme (ou d'une femme) appuyée contre un réverbère, en pleine nuit.

Légendes des planches du TAT publiées ci-après

■ Planche 1 (page 61) : elle évolue vos capacités de réaction face aux difficultés. Remarquez bien que l'enfant est face à un violon, instrument réputé difficile. Finissez votre histoire sur une note positive : « L'enfant a réussi à vaincre la difficulté grâce à ses efforts . »

■ Planche 2 (page 62) : elle concerne votre position dans le conflit œdipien. Remarquez la différence d'âge des deux femmes qui ne doivent pas être en rivalité. La fille au premier plan peut être celle du couple derrière elle.

■ Planche 3 BM (page 63) : elle est appelée la « planche dépression ». Elle mesure vos capacités de réaction face à la dépression et aux échecs. Vous devez remxwarquer que la personne représentée est très abattue et relever la présence d'un révolver à gauche. Surtout, terminez votre hisoire en notant que cette personne va s'en sortir d'une manière ou d'une autre.

■ Planche 5 (page 64) : il est important que vous identifiiez la femme à une bonne mère qui s'inquiète, sans exagération, de ce que fait son enfant. Ne parlez pas de regard inquisiteur, malveillant, d'éducation rigoureuse ou de persécution.

■ Planche 6 BM (page 65) : même si c'est vrai, évitez de voir une ressemblance entre l'homme de cette planche et James Dean ! Cette planche représente l'annonce d'une mauvaise nouvelle. Faites un lien familial entre deux protagonistes : mère/fils, grand-mère/petit-fils. Et même s'il s'agit de la mort de quelqu'un, ne noircissez pas trop la situation.

■ Planche 13 MF (page 66) : elle représente une scène dramatique liée à un fantasme sexuel. Elle ne doit pas être traitée sur le mode du fait divers. Evitez donc de parler de viol, de meurtre, de torture, de sadisme, etc. Optez plutôt pour le désespoir d'un homme face au décès de son épouse.

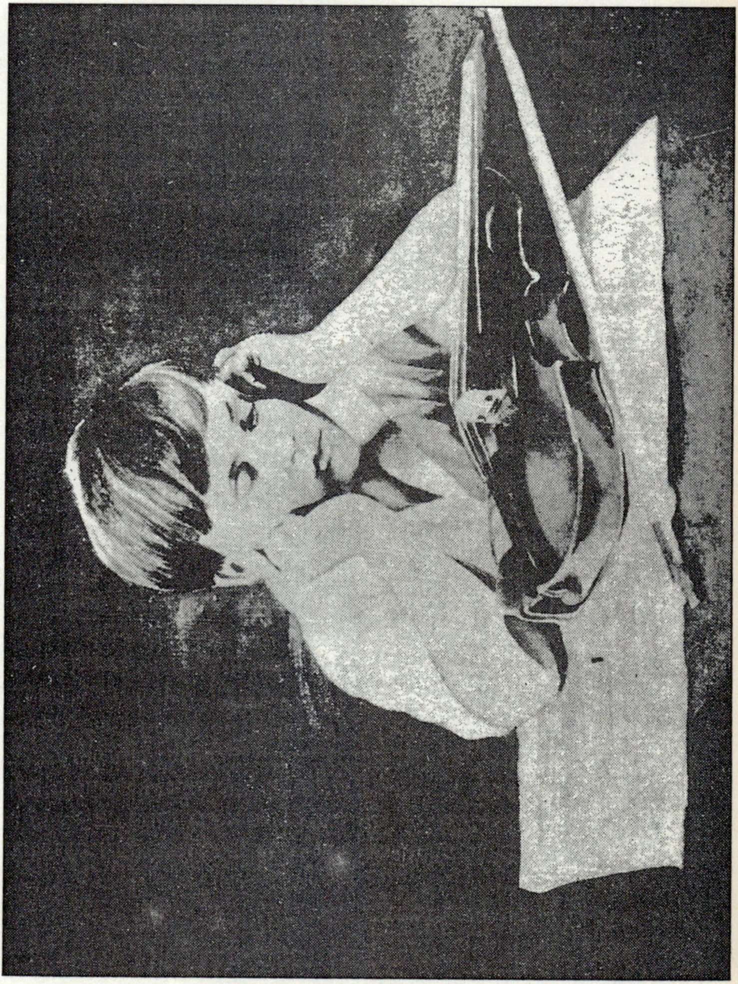

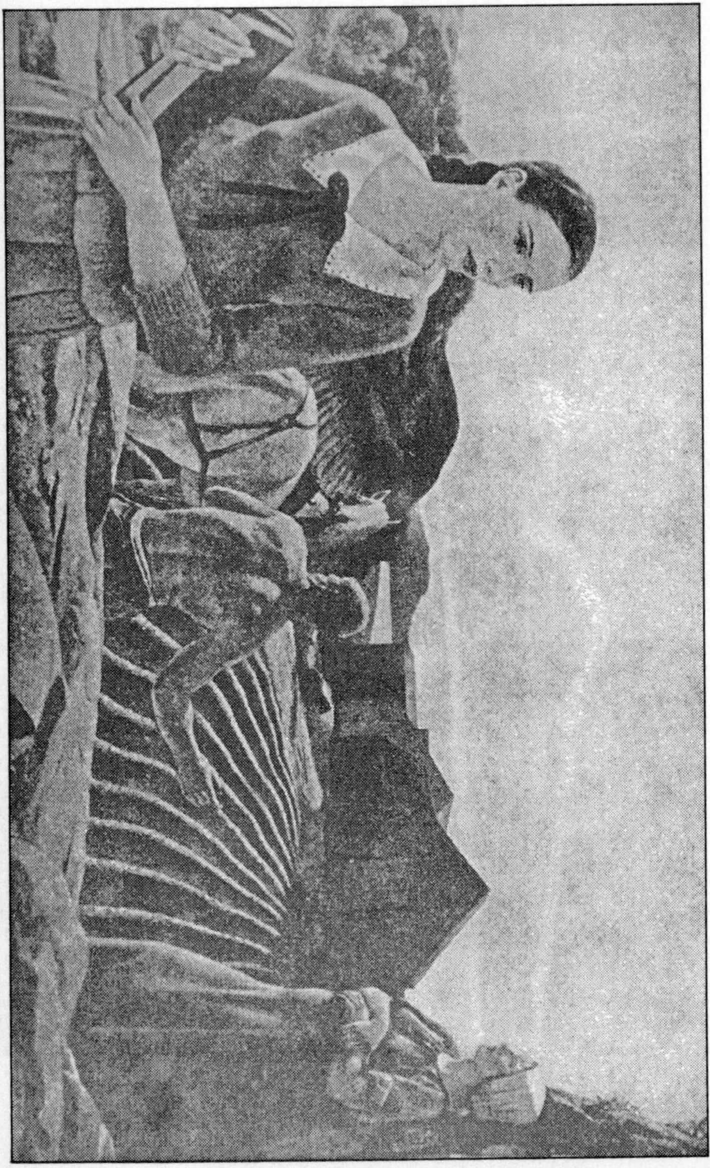

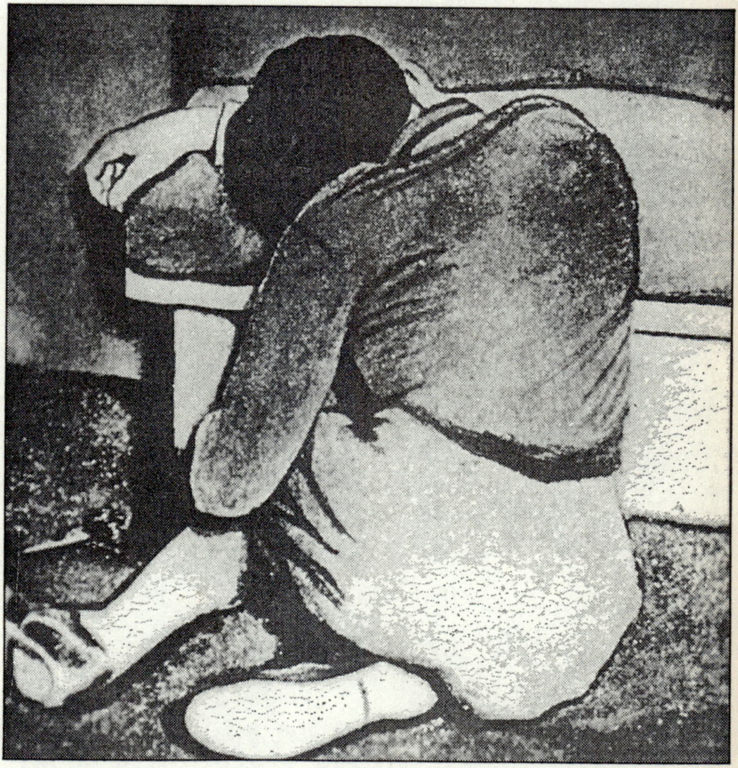

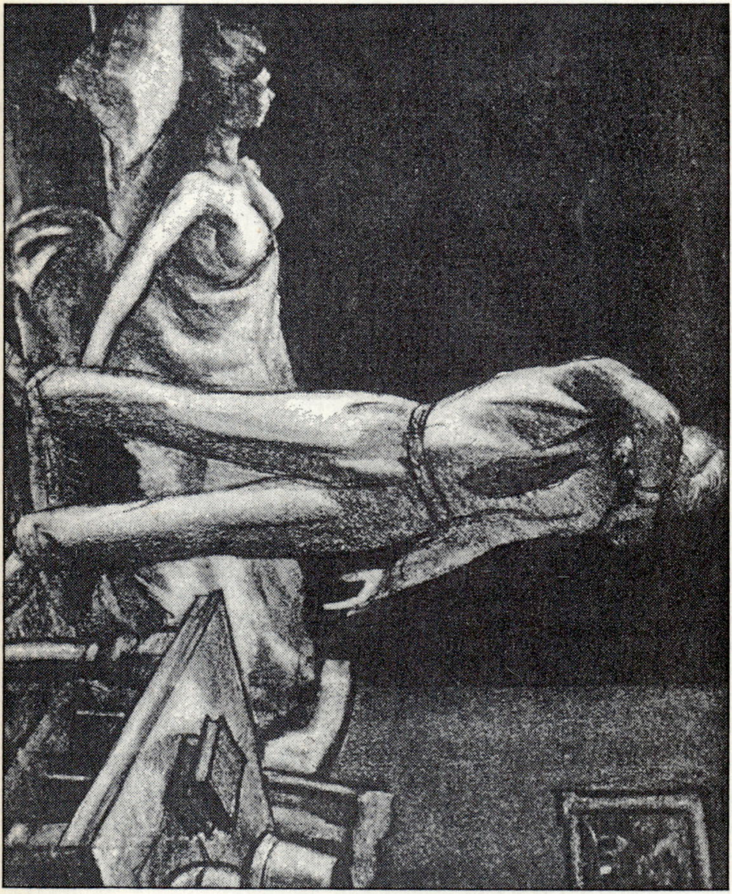

Le test des taches ou Rorschach

Plus communément appelé du nom de son inventeur, Rorschach, ce test, avec le TAT, est l'un des grands classiques des outils des psychologues cliniciens. Créé en 1921, ce test a gardé une incroyable fraîcheur et permet d'apporter aujourd'hui une analyse complète et rigoureuse de la personnalité d'un individu.

Il n'est pas toujours facile de voir quelque chose de particulier dans les taches d'encre du test de Rorschach, tant les formes sont abstraites. C'est seulement après quelques planches que l'on s'habitue à cette gymnastique de l'imagination.

Dix taches d'encre symétriques

Le test du Rorschach se compose de dix planches en noir et blanc ou en couleurs, présentant des taches d'encre sans forme précise, et dont la symétrie a été obtenue par pliure du papier. Les sept premières planches sont noires, excepté la deuxième et la troisième qui comportent du rouge. Les trois dernières sont colorées.

La consigne est claire : *« Sur chacune de ces planches, dites-moi tout ce que vous voyez »*. Le psychologue prendra en note toutes vos réponses, y compris vos hésitations du genre : *« Heu... », « Pfff... », « Ben... »*. Votre comportement, vos silences, vos mimiques et grimaces seront également notés. Le psychologue chronométrera le temps que vous mettez à démarrer et celui que vous avez mis pour dire tout ce que vous vouliez dire. Une deuxième consigne vous attend à la fin de ces planches, il va les reprendre une par une, relire ce que vous lui avez dit avoir vu et vous demander : *« Dites-moi où vous avez vu ce que vous me dites avoir vu »*. La raison en est que, lors du décryptage de vos réponses avant leur cotation, le psychologue doit savoir où vous avez vu, par exemple, un éléphant sur la planche 3.

Trente minutes de test, quatre heures de décodage

Sachez que si le test dure en moyenne une demi-heure, le psychologue passera environ quatre heures à le coter et à l'analyser. C'est donc un investissement en temps important qui ne peut être fait que par un professionnel rodé à la technique du Rorschach. Si votre recruteur n'est pas psychologue, l'interprétation qu'il en fera ne vaudra pas grand-chose.

Malgré les apparences, le test de Rorschach donne des informations précises sur vous-même. Ce n'est pas pour autant que le psychologue connaîtra votre vie en détail.

Nous allons vous expliquer succinctement, mais clairement, comment vos réponses seront cotées, car cela vous aidera à comprendre les erreurs à éviter.

Chaque réponse que vous allez donner à chacune des dix planches (et il peut y avoir plusieurs réponses par planche) va être analysée selon sa localisation, son déterminant, son contenu et sa banalité.

La localisation sur la tache

La localisation traduit si vous avez répondu en regardant la totalité de la tache ou si vous avez, au contraire, divisé la tache en plusieurs grandes ou petites parties.

LES RÉPONSES « GLOBAL »

Exemple pour la planche 1 :

« Je vois un papillon, et puis une chauve souris... et deux éléphants qui se tiennent par la trompe face à face ». Les réponses « global » témoignent d'une bonne qualité du rapport à la réalité. Si vous les utilisez spontanément, vous n'êtes ni schizophrène, ni psychotique ce qui est plutôt une bonne information pour votre recruteur (et pour vous) !

Il faut cependant qu'elles soient associées à des formes correctes. Si vous voyez deux hommes soulevant un piano et qu'ensuite il vous est très difficile de montrer où vous voyez cette image, c'est un mauvais point. Vous n'avez pas les mêmes perceptions que tout le monde, ce qui peut poser problème dans l'organisation d'un projet par exemple.

LES RÉPONSES « GRAND DÉTAIL »

« Sur la gauche, je pense que c'est un ange qui s'envole et de l'autre côté ... heu .... un masque de Pinochio avec son grand nez ».

Les réponses grand détail signifient que vous avez le sens du concret et l'intelligence pratique. Là aussi, il faut qu'elles soient associés à des formes correctes.

LES RÉPONSES « PETIT DÉTAIL »

« En haut, au milieu, je vois deux petites pinces de crabe. Puis en bas sur la partie droite de la première bosse, on dirait la découpe de la côte de la Bretagne Sud ».

Ici, tout dépend si vos réponses sont associées à des formes correctes. Si les pinces de crabe ressemblent objectivement à des pinces de crabe, elles témoignent que vous avez un esprit minutieux, une bonne capacité d'analyse et d'observation. Ce sont des atouts pour un poste de comptable ou d'assistante de direction.

Si, en revanche, vos réponses sont associées à des formes arbitraires et inhabituelles, votre recruteur pensera que vous avez du mal à aborder un problème dans son ensemble, et que cela vous met dans une certaine confusion.

Evitez d'une manière générale les réponses où vous trouvez des formes peu ressemblantes à l'image. Excepté ce type d'association, toutes les réponses sont bonnes à condition de ne pas utiliser toujours les mêmes.

Vous serez du genre à vous laisser facilement démonter à la première petite difficulté. Or, ce ne sont pas les difficultés (petites et grandes) qui manquent dans le quotidien d'une entreprise.

Quelques conseils pour faire bonne impression

Regardez la tache en entier et commencez par donner une réponse globale. Dites ce que vous percevez immédiatement. Ensuite, approfondissez votre première perception en donnant une ou deux réponses « grand détail ». De temps en temps, pour démontrer votre esprit minutieux laissez-vous aller à une réponse « petit détail ». De plus, ne soyez pas trop long. Le délai moyen de réponse est de quarante-cinq secondes par planche, une lenteur excessive laisserait supposer un trouble psychologique, un manque de spontanéité ; une réponse trop hâtive, une certaine incohérence, un manque de contrôle de l'expression…

Très important : ne cherchez pas à voir quelque chose dans les parties blanches au milieu ou dans la tache. Elles parleraient de votre angoisse d'abandon, de votre avidité d'affection. Or, dans une entreprise, on ne peut pas plaire à tout le monde. Un recruteur pourra se demander comment vous réagirez à un conflit.

Le « déterminant »

Il renseigne le psychologue sur les éléments de la planche qui ont déterminé la réponse du sujet. Plusieurs possibilités :

Les réponses « forme »

Vous avez vu une tache, vous en avez exploré les contours, ils vous ont inspiré une image. Comme nous l'avons noté plus haut, il est très important que la forme vue soit proche de la réalité et ne soit pas uniquement le fruit de votre imagination.

Les réponses « kinesthésie »

C'est le cas lorsque vous percevez un personnage ou un animal en mouvement. Ces réponses sont l'indice d'une bonne activité mentale et démontrent que vous ne vous laissez pas facilement démonter par le stress et l'angoisse. Par conséquent, privilégiez les mouvements dynamiques qui parleront de vous comme quelqu'un d'entreprenant, de créatif : un homme qui court, qui se lève, qui marche, etc.

A contrario, oubliez les mouvements dits « passifs » : un homme qui s'assoit, qui s'agenouille, qui se couche, car cela donnerait de vous l'image de quelqu'un de passif, de fataliste, de résigné.

LES RÉPONSES « COULEUR »

Elles sont notées ainsi quand vous parlez de couleur dans votre réponse. Exemple sur la planche 2 au sujet des deux formes rouges en haut :

— *« C'est un bonnet rouge ».* Ici, c'est la forme associée à la couleur qui vous a inspiré votre réponse. Cette réponse exprime que vous avez une bonne maîtrise de vos émotions, vous ne vous laissez pas facilement emporter.

— *« C'est un bouquet de fleurs ».* Ici, la couleur a dicté votre réponse, si vous n'aviez pas vu le rouge, vous n'auriez pas pensé à des fleurs. Ce type de réponse dénote une instabilité affective et une hypersensibilité aux événements extérieurs.

— *« C'est du rouge ».* A éviter absolument, une réponse dite « couleur pure » signale une grande difficulté à contrôler les affects et une importante impulsivité. Ce qui est généralement à proscrire dans une entreprise.

Evitez de vous laisser guider par les couleurs. C'est considéré comme une marque d'émotivité excessive.

LES RÉPONSES « ESTOMPAGE »

Elles sont déterminées par la prise en compte des nuances de la couleur grise. Évitez donc de parler de cette couleur-là, elle parlerait de votre fragilité dans vos repères qui définissent votre identité.

LES RÉPONSES « CLAIR-OBSCUR »

Elles sont cotées ainsi lorsque la masse noire d'une tache vous a effrayé. Exemple : *« C'est un énorme vampire noir ! »* De telles réponses indiquent timidité et anxiété.

Le « contenu »

C'est le thème de vos réponses. Le contenu peut être humain (*« On dirait un petit garçon »*), animal (*« Je vois un pélican avec son grand bec »*), nature (des arbres, des buissons), objets (une télé, un réfrigérateur américain), organes sexuels (le sexe d'un homme en train d'uriner).

Ne forcez pas le trait sur le thème de l'animal. Si vous voyez partout des papillons, des chats, des éléphants, des chevaux, etc., votre charmant bestiaire vous fera passer pour quelqu'un de profondément immature, ne sachant pas prendre des décisions.

Privilégiez les images du corps humain en mouvement : deux femmes qui dansent, un enfant qui saute à la corde. Parlez d'images simples, issues de la vie courante. Mais ne parlez pas que d'êtres humains sinon vos réponses laisseraient présager des difficultés familiales, des conflits dans vos relations.

A utiliser avec parcimonie : les images de masques, de sexes, d'anatomie.

Soyez « banal » à bon escient

Les réponses dites « banales » sont celles qui sont le plus communément dites. Le papillon est la grande banalité du Rorschach. Il faut dire que les taches d'encre écrasées symétriquement en leur milieu ressemblent furieusement à des papillons exotiques. Vous pouvez donner cette réponse une ou deux fois mais pas plus, cela serait interprété comme un refus de passer le test.

Le nombre normal de banalité se situe entre 5 et 7 dans un protocole normal. Si vous dépassez ce quota, vous montrez votre hyperconformisme ou votre crainte face à ce test. Si vous êtes en-dessous de cette moyenne, votre recruteur pourra se poser des questions sur votre capacité à vous intégrer. Les banalités sont donc importantes à placer. Voici la liste planche par planche des banalités et des choses à éviter de dire. Choisissez quelques banalités à placer tout au long de votre protocole.

Banalités :
- Oiseau
- Chauve-souris
- Papillon

A éviter :
- Masque
- Yeux de loup
- Pinces de crabe

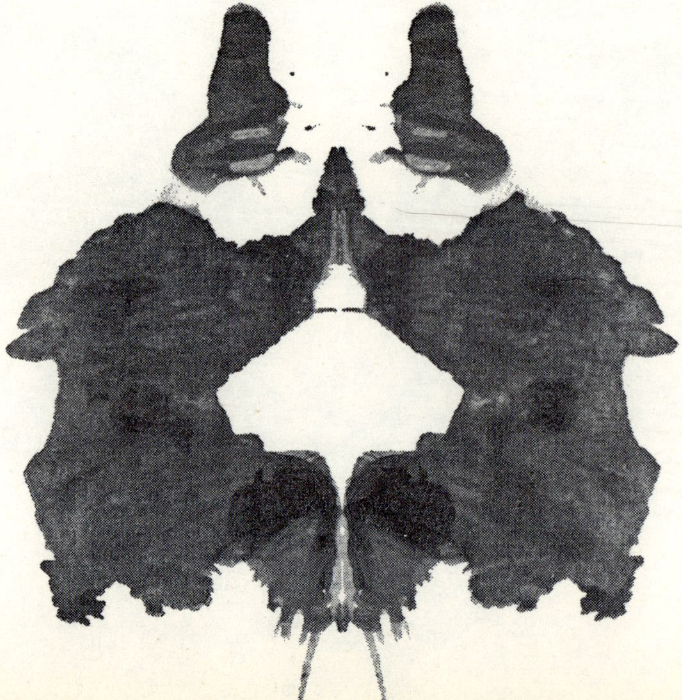

Banalités :
- Deux clowns
- Deux têtes d'animaux
- Deux animaux

(planche originale en noir et rouge)

A éviter :
- Ne pas remarquer la couleur rouge
- Du sang

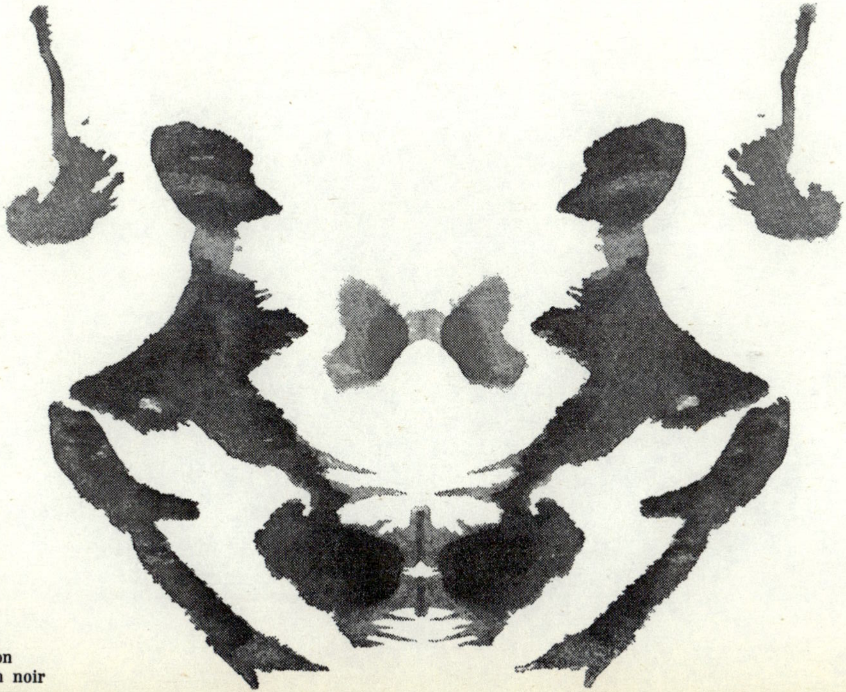

Banalités :
- Deux personnages
- Deux bonhommes
- Papillon, nœud papillon (planche originale en noir et rouge)

A éviter :
- Des intestins
- Deux hommes qui déchirent un panier

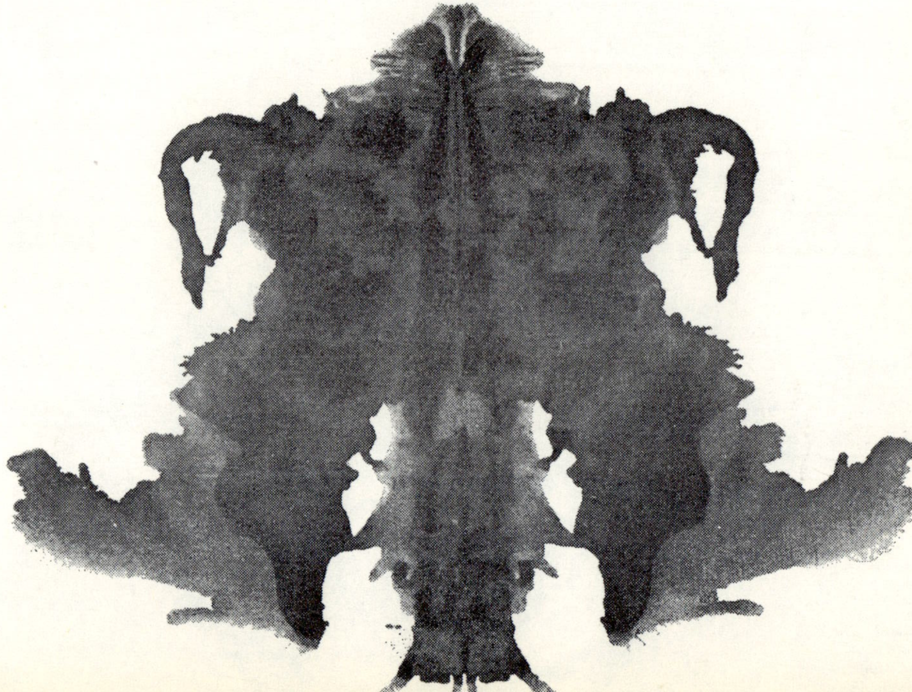

Banalités :
- Pas de banalité connue

A éviter :
- Un chat écrasé
- Un ogre avec des petites ailes

Banalités :

- Oiseau
- Chauve souris
- Papillon

A éviter :

- Têtes d'alligators
- L'ombre de la mort
- Un vampire

Banalités :
- Peau d'animal

A éviter :
- Un insecte écrasé
- Un sexe d'homme en érection

Banalités :
- Pas de banalité connue

A éviter :
- Une mine
- Des nuages gris, cotonneux

Les trois dernières planches du test étant toutes en couleurs, nous ne les avons pas reproduites ici. Voici toutefois les « banalités » qui y sont associées :

Planche VIII : deux animaux ;

Planche IX : une tête d'homme ;

Planche X : crabe, pieuvre, araignée, tête de lapin.

L'analyse de vos résultats

Elle procède en quatre phases : elle évalue votre intelligence, votre affectivité, les points vulnérables de votre personnalité et la synthèse qui conclut si oui ou non vous avez les qualités requises pour le poste à pourvoir.

Si vous avez la chance de tomber sur un psychologue sérieux et expérimenté, vous serez étonné du test de Rorschach, qui vous apprendra certainement beaucoup de choses sur vous-même.

Quelques conseils

Evitez de donner l'impression que vous vous retenez de dire ce que vous pensez. Si vous ouvrez la bouche avec une inspiration, dites quelque chose, ne faites pas croire que vous censurez vos idées tout seul.

Donnez plusieurs réponses par tache, mais point trop ! Environ trois ou quatre à chaque planche. Quand vous avez fini, très important, rendez vous-même la planche au recruteur. Cela signifie que vous avez confiance en vous.

A éviter absolument

Il y a des types de réponses ou de comportements à éviter absolument :

■ **Ne refusez jamais une planche** parce qu'elle ne vous attire pas ou parce que vous n'y voyez rien. Dites toutes les banalités qui vous passent par la tête mais ne restez pas muet.

■ **Ne mettez pas trop de temps** à donner votre première réponse à chaque planche, au plus attendez quinze secondes.

■ **Évitez de ricaner**, de critiquer les planches, de dire des choses comme : « Mes enfants font mieux que ça à la maternelle », « Elles sont vraiment moches vos planches », ou pire : « Cest sérieux votre truc ? ».

Vous n'êtes pas là pour jouer au critique d'art. Ces réactions seront vues comme de vives défenses face à un test qui visiblement vous met très mal à l'aise. Qu'avez-vous donc à cacher ?

Ne parlez pas d'objets agressifs, pointus, qui coupent, qui blessent. Voir des couteaux, cisailles, poignards, lames de rasoir est un signe d'agressivité refoulée ou d'angoisse de type sexuel.

■ **Ne jouez pas avec les planches**. Si vous avez le droit de les tourner dans tous les sens pendant la passation, faites-le avec précaution. Ne vous éventez pas avec, ou pire, ne les faites pas tourner sur elles-mêmes en vous appuyant sur un des coins ! Vous verriez le psychologue blêmir, car ce matériel coûte cher. De plus, il pensera sans doute que cette épreuve vous angoisse beaucoup.

■ **Évitez les réponses dont le thème est sinistre :** la mort, la fin du monde, la guerre, le désespoir, ou repoussant (pourriture, boyaux, viscères, tas de viandes, cadavre, animal écrasé, déjection, boue, etc.). Vous passeriez au mieux pour quelqu'un de sérieusement perturbé, au pire pour un psychopathe !

Chapitre III

pages 83 > 105

LES QUESTIONNAIRES DE PERSONNALITÉ

On va chercher à savoir si vous avez les compétences nécessaires pour vous adapter au poste proposé et serez capable de vous adapter rapidement à la culture maison de l'entreprise. Ces questionnaires sont axés sur la personnalité sociale de l'individu, ils ne prennent pas en compte la dimension de l'inconscient comme le font les tests projectifs.

Il existe beaucoup de questionnaires de personnalité, il serait donc difficile de tous vous en parler. Nous avons choisi ceux qui sont le plus couramment utilisés dans les cabinets de recrutement et dans les grandes entreprises. Si vous tombez sur un test qui n'est pas décrit ici, pas de panique. Ces questionnaires sont tous un peu pareils, les conseils pour l'un valent pour l'autre.

Un bref rappel de ce qu'est un questionnaire de personnalité. Il se présente sous la forme de cent ou deux cents questions sur vous, auxquelles vous devez répondre par différents types de choix : oui/non, vrai/faux/Je ne sais pas, etc.

Les questionnaires s'intéressent à des éléments beaucoup plus concrets de votre personnalité, ceux qui influencent directement votre travail.

On considère que chaque individu est caractérisé par une série de traits de personnalité, spécifiques à chacun et qui changent peu avec le temps.

Chaque test définit et mesure des traits de personnalité

L'analyse de ce profil permettrait de prédire quelles attitudes cet individu va avoir face à telle ou telle situation, donc pourquoi pas dans une situation de travail. Dans ce cadre précis seront évalués votre attitude envers la hiérarchie, vos collègues et les clients de l'entreprise, ainsi que votre respect des autres, votre comportement dans un groupe, vos qualités de contact, votre dynamisme, etc.

On va donc chercher à savoir si vous avez les compétences nécessaires pour vous adapter au poste proposé et serez capable de vous adapter rapidement à la culture maison de l'entreprise. Ces questionnaires sont axés sur la personnalité sociale de l'individu, ils ne prennent pas en compte la dimension de l'inconscient comme le font les tests projectifs précédemment étudiés (voir page 41). Le cabinet de recrutement qui vous fait passer ce type de test pour le compte d'une entreprise rendra un rapport à ladite entreprise où celle-là pourra vous imaginer comme si vous étiez déjà au travail dans ses services. Ce compte rendu lui indiquera si elle peut vous donner des responsabilités, si vous pourrez travailler en équipe sans problème, si on peut vous confier des taches de confiance, etc.

La correction de ces tests se fait grâce à une feuille de dépouillement, le recruteur compte les points et les reporte sur un graphique.

L'inventaire de tempérament de Guilford et Zimmerman

Dans l'inventaire de tempérament, vous devez seulement répondre par oui ou par non, et rapidement : 300 questions en 50 minutes environ.

Ce questionnaire est un grand classique des tests de recrutement. Il se présente sous la forme de trois cents affirmations auxquelles vous devrez répondre en environ cinquante minutes par oui ou par non.

Vous avez également la possibilité de répondre par un « joker » mais n'utilisez ce dernier que deux ou trois fois au cours du test.

Exemples :

« Vous aimez les balades en montagne » ;

« Vous pensez que l'agressivité peut être une qualité » ;

« Vous préférez réfléchir que agir » ;

« Vous seriez prêt à faire du saut à l'élastique » ;

« Les voyages vous passionnent » ;

« Avoir trop d'amis peut être embarrassant » ;

« Vous préférez finir un projet avant d'en commencer un autre » ;

« Il vous arrive de réfléchir à votre propre mort ».

Par le biais de ces questions, le test mesure dix critères de personnalité.

1 - Le niveau d'activité générale

Si la note à ce critère est élevée, elle vous montre comme un individu à la personnalité active, dynamique et responsable. Cependant, si la note est trop élevée, vous seriez alors du genre à remuer ciel et terre pour peu de résultat.

2 - Le contrôle de soi

Cet item mesure votre capacité à maîtriser votre impulsivité, et surtout votre degré d'adaptation aux contraintes. Si vous obtenez ici une note trop élevée, vous passerez pour quelqu'un de trop rigide, de très sérieux, manquant de souplesse. A contrario, une note trop basse dénote une tendance à l'insouciance et à l'impulsivité, ce qui est contre-indiqué pour des postes à responsabilité.

Le contrôle de vos émotions, votre ascendant sur les autres, votre sociabilité, tous les paramètres mesurés dessinent de vous l'image d'une personne au travail, dans une équipe.

3 - L'ascendant sur autrui

C'est un item qui est particulièrement important pour les postes dont une des fonctions est de diriger une équipe car il mesure votre aptitude à diriger les autres. Une note trop élevée fait de vous un chef dominateur, qui a tendance à écraser les autres, à ne pas reconnaître par exemple, le mérite de ses collaborateurs. A l'inverse, une note trop faible trace de vous le portrait de quelqu'un de timide, mal à l'aise avec les autres et embarrassé par les relations humaines.

4 - La sociabilité

Vous êtes une personne sociable, qui aime les rapports sociaux, on vous retrouve tous les matins à discuter devant la machine à café : si vous vous reconnaissez ici c'est que vous avez une note élevée à cet item. C'est une qualité appréciée des recruteurs, car outre le fait que vos collègues aimeront travailler avec vous, vous n'êtes pas embarrassé pour prendre l'initiative du contact avec une clientèle par exemple. Si, au contraire, vous préférez travailler seul, que les activités collectives vous repoussent, votre note sera basse.

5 - La stabilité

Vos réactions émotives, votre capacité d'observation, votre tolérance sont importantes à connaître pour votre employeur. Cela ne dit pas, bien sûr, à quelles fins elles seront sollicitées !

Ici est évalué le degré de contrôle de soi, et... la bonne humeur ! Si la note est faible, l'individu sera de nature anxieuse, facilement mis à mal par les émotions, et d'humeur inégale. Si la note est élevée, l'individu sera d'une bonne stabilité émotionnelle, c'est-à-dire qu'il ne se laisse pas facilement démonter par des petits événements, il est également d'une bonne humeur constante. C'est donc quelqu'un avec lequel il est facile et agréable de travailler.

6 - L'objectivité - sensibilité

Une note élevée parle de vous comme ayant une bonne capacité d'observation et surtout de recul par rapport à lui-même. Si c'est votre cas, vous pourrez par exemple participer à un projet que personnellement vous n'auriez pas choisi mais que vous jugez tout de même intéressant pour l'entreprise. Une note trop basse laisse penser que vous devez être susceptible, égocentrique et méfiant.

7 - La tolérance

On parle ici de respect d'autrui, de tolérance à l'agressivité, ainsi que d'une bonne réaction aux frustrations. Vous avez toutes ces qualités si votre note est élevée. A l'inverse, une note faible traduit un caractère qui se place dans l'opposition systématiquement, qui n'est pas ouvert au dialogue et qui couve des désirs de domination.

8 - La méditation-réflexion

Cet item mesure la capacité d'introspection. C'est une qualité très recherchée par les recruteurs, car il est important de savoir se remettre en question dans le monde du travail, sans que cela coûte trop cher en énergie. Vous aurez une note élevée si vous possédez de bonnes capacités de réflexion, d'observation et de présence d'esprit, ainsi que de distanciation. Une note basse révélera de vous que vous êtes plutôt porté sur l'action plus que sur la réflexion, et que votre capacité d'analyse est limitée. Cela pourrait vous poser des problèmes face à une situation imprévue à laquelle il faut rapidement faire face.

Vous pouvez sans honte être un homme et avoir une note élevée en féminité, et vice versa.

9 – La coopération

La coopération mesure le degré de bonne entente avec les autres, la tolérance, la compréhension. Quelqu'un qui aurait une note faible passerait beaucoup de son temps et de son énergie à critiquer, à soupçonner, et aura donc des difficultés à maintenir des bonnes relations avec autrui. Une note élevée dénotera le contraire.

10 – La masculinité – féminité

Plus vous serez sur le versant masculin, plus vous serez prêt à assumer des métiers à risques, où la résistance et la force de caractère sont des atouts. Attention, si cette note masculine est trop élevée, c'est que vous êtes un véritable légionnaire qui n'a peur de rien. Sur le versant féminin, on trouve des personnes ayant un intérêt pour les relations humaines, la qualité du travail, etc.

Notations, synthèse et définition du profil

Le psychologue recruteur va attribuer une note à chacun de ces items en fonction des trois cents réponses recueillies. Votre profil ainsi défini sera comparé à celui qui a été établi idéalement pour le poste à pourvoir.

Bien entendu, un seul critère pris isolément n'est pas intéressant à étudier, c'est l'ensemble de ces critères et leurs combinaisons les uns avec les autres qui est riche d'intérêt. Par exemple si vous avez une bonne note en stabilité, montrant ainsi que vous êtes quelqu'un d'agréable à côtoyer, et d'une générale bonne humeur, mais qu'en revanche, vous avez une faible note en activité générale, votre portrait est tout fait : vous êtes certes sympathique mais vous perdez beaucoup de votre temps à faire le joyeux drille ! Or, vous n'êtes pas payé pour cela…

Une bonne note à un critère positif n'est pas forcément une bonne chose si elle est alliée à une autre note qui la dessert.

De même, une note basse associée à d'autres facteurs pourra se révéler être un atout en fonction du poste à pourvoir. Même l'agressivité peut être vue comme une qualité si elle est associée à des notes élevées en sociabilité, relations personnelles et tolérance face aux contraintes. Ce portrait-là est celui d'un bon commercial.

La bonne attitude pour répondre au test

En fonction du poste auquel vous postulez, définissez quelles seraient pour vous les grandes qualités nécessaires pour le poste. Relisez ensuite les dix critères exposés ci-dessus afin de détecter quel type de questions va mesurer ce critère.

Enfin, nous ne pouvons vous donner d'autre conseil que celui d'être vous-même, et d'éviter de répondre de manière excessive à certaines questions. Par exemple, même si le poste à pourvoir est un poste où il vous faudra travailler seul, ne répondez pas pour autant par l'affirmative aux questions de type :

« Vous préférez être seul qu'en groupe ».

Vous risqueriez de passer pour un ermite asocial. Même si vous ne travaillez pas en équipe, il vous faudra quand même vous intégrer dans l'entreprise en question.

Le Papi (Perception and preference inventory)

Ce test a été conçu en 1960 par un docteur américain, et a connu un succès considérable qui ne démérite pas depuis. Si les entreprises qui recrutent décident de n'utiliser qu'un seul questionnaire de personnalité, elles choisissent le Papi sans l'ombre d'une hésitation.

Ce test est complet, riche, facile d'utilisation et s'adapte à divers types d'entreprises et de métiers. Il a donc tout pour plaire. Certaines entreprises n'hésitent pas à le faire passer même à leurs jeunes stagiaires…

Le Papi est aussi bienveillant que son nom le laisse présager. C'est un test réellement interactif, qui vous permet de réagir, d'exprimer vos idées, vos désirs, etc.

Un test humaniste et interactif

Le Papi, outre son nom sympathique, a une qualité principale : il ne se présente pas comme un outil de sélection mais, au contraire, comme un outil de développement.

Il a été conçu pour permettre à l'individu de prendre conscience de ses atouts et de ses lacunes afin qu'il puisse les utiliser ou y remédier. Pour être plus précis, on peut dire que le Papi est un outil d'évaluation des comportements professionnels qui prévalent chez un individu.

Ce test est si complet qu'on ne l'utilise pas uniquement pour le recrutement. Ainsi, certaines entreprises l'utilisent pour la détection des besoins en formation, pour l'analyse des conflits, pour l'étude de la complémentarité d'une équipe, pour le conseil en développement personnel lors du bilan annuel des salariés. S'il est si utilisé c'est qu'il est un formidable support d'entretien, il favorise un climat de confiance propice à un échange constructif et authentique avec votre interlocueur.

Le principe des questions

Comment se présente-t-il ? Il a la forme d'un questionnaire composé, à chaque item, de deux phrases assertives, c'est-à-dire qui se présentent sous la forme d'un affirmation ou d'un négation. Vous devez choisir entre ces deux propositions celle qui vous semble le plus vous correspondre. Attention, il n'est parfois pas facile de répondre car les deux phrases peuvent vous convenir parfaitement, ou au contraire être toutes les deux à l'opposé de votre personnalité, et pourtant il va falloir choisir !

Le test n'est efficace que si le protocole est rigoureusement respecté. Il faut se mettre à la place du professionnel, choisir forcément une réponse, sans chercher une cohérence des réponses.

Exemples :

— Je travaille vite/J'arrive souvent en retard ;

— J'aime beaucoup voyager pour mes loisirs/J'ai du respect pour les personnes âgées ;

— Je ne sais pas bien me défendre quand je suis accusé/Je suis quelqu'un d'anxieux ;

— Je n'aime pas les ragots/Je vérifie tous les mois mon compte en banque ;

— J'aime les ambiances de travail/Je suis toujours de bonne humeur.

Les préliminaires de l'épreuve

Le Papi est un des tests qui possède un protocole de passation des plus rigoureux. En effet, avant de commencer l'épreuve, le psychologue recruteur doit vous signifier que :

— Papi n'est pas un test mais un inventaire de préférences dont les réponses donneront lieu à un entretien après la passation ;

— vous devez répondre à chaque question d'un point de vue professionnel et non personnel ;

— votre choix est obligatoire, vous ne pouvez pas ne pas répondre ;

— votre choix est relatif. Les comparaisons entre les deux phrases étant toujours différentes, il n'y a pas de cohérence ;

— vous devez être sincère et spontané ;

— le temps qui vous est imparti n'est pas limité mais il faut consacrer en moyenne quinze minutes pour répondre à ce test.

Évaluer le comportement selon sept domaines

Pas moins de vingt facteurs de comportements vont être analysés à travers sept domaines.

1 - L'orientation du travail :
gestion de la tâche,
gestion de l'énergie,
gestion des objectifs.

2 - L'autorité :
image du leader,
type de responsabilités souhaitées,
rythme de la décision.

3 - Le dynamisme :
rythme du travail,
expression de la vitalité.

4 - Le style de travail :
mode de réflexion,
intérêt pour les détails,
type d'organisation.

5 - La nature émotionnelle :
réactions face au changement,
contrôle émotionnel,
assertivité.

6 - Les relations à la hiérarchie :
relation à l'autorité,
attachement aux règles et aux structures.

7 - La sociabilité :
volonté de se mettre en avant,
nature des contacts sociaux,
volonté d'appartenir à un groupe,
implication affective.

Étant donné la quantité de traits de personnalité que l'on va mesurer, il est totalement inutile d'espérer contrôler le résultat en trichant dans ses réponses.

Décodage et analyse des résultats

Le test une fois terminé, vos réponses vont être reportées sur une grille de décodage dont les résultats sont mis ensuite sur un graphique en forme de rosace.

Lors du décodage, le psychologue fera apparaître les scores respectifs de 20 facteurs de personnalité et les analysera en conséquence selon trois pôles différents.

Les vingt facteurs de personnalité précités vont alors apparaître affublés d'un score et être analysés suivant trois pôles différents.

Un pôle analytique

A chacun des facteurs va être apportée une signification en termes d'aspects positifs et de risques.

Un pôle synthétique

Les facteurs vont être associés les uns aux autres afin de donner une plus grande souplesse à l'interprétation.

Un pôle dynamique

Ce pôle-là se déroule au cours de l'entretien qui suit. Le recruteur intègre dans cet entretien les informations qu'il a récoltées afin de les valider ou non.

Une occasion de comprendre : l'entretien de restitution

L'intérêt du Papi se dévoile pour vous lors de l'entretien de restitution. C'est là que vous allez apprendre plein des choses sur vous que vous ne soupçonniez même pas ; alors, soyez particulièrement attentif.

C'est également à cette occasion que vous pouvez parler de vous, de vos points forts. Pondérez par des exemples pertinents les points faibles que votre recruteur vous avancera au cours de l'entretien. En fait, le Papi doit être vu comme un outil interactif.

Quelques conseils pour répondre

Il est difficile de choisir entre deux affirmations. Ne cherchez pas une logique entre les deux, il n'y en a pas ! Il faut, par conséquent, répondre en toute simplicité. Aucune question ne portera sur votre vie privée, toutes touchent au monde du travail. Si vous êtes un jeune diplômé et que votre expérience de ce monde-là est restreinte, n'hésitez pas à aller puiser dans vos expériences à l'école puis en stage pour répondre.

Il est vrai que lors de votre choix entre les deux assertions, vous devez être aussi attentif à la phrase que vous choisissez qu'à celle que vous délaissez. En effet, ce « non-choix » a autant de significations que votre choix.

N'ayez pas de regrets sur vos réponses ! Vous pourrez largement y revenir dans l'entretien final, et convaincre que vous n'êtes pas tout à fait celui qui a été révélé par le test.

Ainsi, si entre les deux phrases : « J'aime être ponctuel » et « Je ne supporte pas les accusations gratuites », vous choisissez la deuxième comme étant la plus proche de vous, vous signifiez également que la ponctualité n'est pas votre point fort !

Vous aurez compris que l'on ne peut jamais vraiment se préparer au Papi et qu'il faut y répondre sincèrement.

Comment tirer profit de l'entretien

En revanche, vous pouvez imaginer ce que vous allez pouvoir dire pendant l'entretien de restitution. Imaginez à l'avance des exemples professionnels adaptés pour vous mettre en valeur.

Si vous ne savez répondre que « Oui, c'est vrai », « C'est tout à fait moi », « Je ne suis pas très d'accord, mais puisque vous le dites... », tout espoir de recrutement tombera immédiatement à l'eau devant tant de passivité !

Le 16 PF de Cattell

Les recruteurs choisissent le 16 PF de Cattell lorsqu'ils n'ont pas assez de temps pour faire passer l'inventaire de Guilford-Zimmerman. En effet, le 16 PF est plus léger à passer puisqu'il ne comporte que cent quatre-vingt-six items, mais analyse cependant seize traits de personnalité :

— réservé ou ouvert,
— intelligence,
— stabilité émotionnelle,
— caractère affirmé ou humble,
— modéré ou impulsif,
— consciencieux ou insouciant,
— timide ou aventureux,
— dur ou tendre,
— confiant ou méfiant,
— pratique ou imaginatif,
— direct ou fin,
— calme ou anxieux,
— conservateur ou radical,
— dépendant du groupe ou s'auto-suffisant,
— incontrôlé ou contrôlé,
— détendu ou tendu.

Le type de questions posées

La passation est courte, pas plus de trente minutes. Vous aurez à répondre par oui, non ou parfois à des affirmations du type :

— « J'aime les contacts amicaux entre collègues » ;
— « Je préfère rester calme en toute occasion » ;
— « J'aime imaginer l'avenir ».

Nous vous donnons pour ce test les mêmes conseils que pour les autres. Répondez vite, ne réfléchissez pas trop, ne cherchez pas à tricher, et tâchez de rester détendu, c'est ce qui vous donnera le plus d'assurance.

Il existe quelques variantes sur le principe du Papi. Les conseils sont les mêmes à la base, seule la longueur du test varie.

L'inventaire Ipso

Vous pourrez vous voir présenter ce test sous son autre nom : « questionnaire d'évaluation des tendances personnelles et de la motivation au travail ». Ce test est original par la longueur de la passation et par le choix des réponses. En effet, pour chacune des cent quatre-vingt-treize qui vont vous être posées, vous avez le choix entre pas moins de cinq réponses. Exemple :

« Vous est-il arrivé d'étonner votre supérieur par une idée nouvelle ?

— Très souvent
— Assez souvent
— Quelque fois
— Exceptionnellement
— Jamais. »

Quatre domaines sont étudiés :

L'inventaire Ipso, qui reprend l'esprit du test Papi, vous fait hésiter entre cinq questions et non plus seulement deux... Tout se fait dans la nuance !

VOTRE STABILITÉ ÉMOTIONNELLE

Comment réagissez-vous aux frustrations, comment vous adaptez-vous à une situation nouvelle, comment travaillez-vous en période de stress ?

VOTRE MANIÈRE DE PRENDRE UNE DÉCISION

Réfléchissez-vous beaucoup avant, prenez-vous l'avis d'un expert, revenez-vous facilement sur une décision prise ?

VOTRE MOTIVATION À L'ACTION

Est-ce l'argent qui vous attire, la gloire, la reconnaissance, supportez-vous la rivalité, la concurrence, les échecs ?

VOTRE STYLE DE MANAGEMENT

Est-ce important pour vous d'être apprécié de vos collaborateurs, supportez-vous que l'on discute vos décisions ?

L'épreuve d'auto-estimation (EAE)

Elle est fréquemment utilisée en plus d'un test d'intelligence. On peut dire que le test d'intelligence donne le fond, c'est-à-dire de quoi est composé l'intellect du candidat, et que l'épreuve d'auto-estimation donne la forme, comment le candidat se sert de son intelligence. A partir des vos quate-vingt-une réponses, neuf traits de votre comportement vont être analysés :

Associée à de nombreux tests d'intelligence, l'épreuve d'auto-estimation permet de comprendre votre style, votre fonctionnement intellectuel.

— sincérité,
— pondération,
— optimisme,
— réflexion et circonspection,
— ambition et confiance en soi,
— intelligence sociale,
— ténacité,
— sociabilité,
— énergie et dynamisme.

Si l'EAE est tant prisée par les recruteurs c'est aussi parce qu'elle est très courte à faire passer. La passation dure environ quinze minutes pendant lesquelles vous devez choisir, dans une paire de qualificatifs, celui qui vous ressemble le plus. `

Par exemple :
— ambitieux/sociable,
— créatif/ponctuel.

Soyez le plus spontané possible mais n'oubliez pas une chose : lorsque vous faites votre choix, n'oubliez jamais de vérifier qu'écarter l'autre qualificatif ne sera pas trop négatif. Si dans le premier exemple : ambitieux/sociable, vous choisissez ambitieux, cela veut également dire que vous n'êtes pas quelqu'un de particulièrement sociable. Donc, soyez toujours attentif au choix que vous laissez.

En 15 minutes à peine, l'EAE brosse très superficiellement les grands traits de votre personnalité. Vous ne risquez pas grand-chose.

Le PPE

Quarante minutes pour quatre-vingt-dix blocs de proposition. Voici comment le PPE se présente ! Particulièrement apprécié pour le recrutement des bac+4 ou bac+5, ce test explore quatre domaines :

— votre mode de relation, c'est-à-dire la manière que vous avez de travailler avec les autres ;

— votre mode de pensée, c'est-à-dire votre manière de penser, d'avoir de nouvelles idées, de jongler avec de nouveaux concepts ;

— vos sentiments et vos émotions, c'est-à-dire votre optimisme, votre combativité, votre faiblesse, votre résistance ;

Pour mesurer ces quatre domaines, des propositions vous seront présentées. Vous devez choisir celle qui vous ressemble le plus et celle qui est la plus éloignée de vous. Exemple :

« De manière générale, je suis toujours...

— le premier à m'enthousiasmer pour un nouveau projet ;

— méticuleux et précis dans la gestion de mon emploi du temps ;

— partant pour écouter les propositions des autres ;

— mécontent de voir un de mes projets tomber à l'eau. »

Vous avez environ quarante minutes pour répondre à ces propositions, ne perdez pas de temps, répondez vite et spontanément.

L'inventaire de personnalité des vendeurs (IPV)

Les tests sont très utilisés pour les commerciaux. Il ne s'agit pas tant de savoir si vous êtes bon que de déterminer votre profil commercial. Plutôt organisateur, actif, solitaire ou homme d'équipe...

L'inventaire de personnalité des vendeurs est, comme son nom l'indique, réservé au recrutement des commerciaux. Pas moins de quatre-vingt sept questions vous seront posées pour lesquelles on vous propose deux ou trois réponses possibles. Vous devez choisir celle qui vous correspond le plus.

Exemples :

« Vous trouvez dans la rue les papiers d'identité d'un inconnu, que faites-vous ?

— Vous les amenez personnellement à la police ;

— Vous appelez directement la personne en question ;

— Vous les mettez dans une boîte aux lettres de La Poste ;

— Vous chargez quelqu'un de proche de vous de s'en occuper. »

« Si vous pouviez choisir les vacances de vos rêves, ce serait :

— à la montagne, pour skier et faire de l'escalade ;

— sous les tropiques, au bord d'une magnifique piscine ;

— sur une île de Bretagne, pour pêcher. »

Les qualités du vendeur

Pas moins de douze qualités sont jugées importantes :

■ **La disposition générale à la vente** indique si vous avez les dispositions de base pour être un vendeur.

■ **La réceptivité** évalue un facteur important que doit posséder tout bon vendeur : la capacité de se mettre à la place du client.

■ **L'agressivité** évalue la ténacité, le dynamisme que vous mettrez pour décrocher une vente.

■ **La compréhension** mesure l'empathie, la qualité d'écoute et votre aptitude à analyser les informations recueillies lors d'une situation de vente.

■ **L'adaptabilité** évalue votre capacité à jouer des rôles adéquats dans des situations différentes.

■ **Le contrôle de soi** indique le degré de stabilité émotionnelle, de persévérance et de ténacité que vous possédez.

■ **La tolérance à la frustration** mesure votre capacité à digérer les échecs ou de prendre du recul dans une situation émotionnellement difficile.

■ **La combativité** évalue votre punch de vendeur, votre envie d'arracher la vente, votre volonté d'en découdre.

■ **La dominance** évalue la capacité de captiver et de persuader autrui grâce à une bonne maîtrise de l'éloquence.

■ **L'assurance** détermine la confiance que vous avez en vous dans une situation de confrontation avec autrui.

■ **L'activité** mesure le degré de dynamisme, de tonus et d'énergie que vous savez déployer dans votre travail.

Les qualités mesurées sont toutes celles d'un vendeur professionnel, que vous possédez forcément si c'est votre métier. La question est plutôt de déterminer votre cocktail personnel.

■ **La sociabilité** mesure votre capacité à entrer en contact avec les autres, votre goût pour le travail en équipe.

L'inventaire de personnalité de Gordon (IPG)

Ce test se présente sous la forme de trente-huit groupes de quatre propositions. Vous devez choisir parmi ces dernières celle qui vous semble être la plus proche de vous et celle qui vous en semble la plus éloignée. Cet inventaire mesure neuf caractéristiques :

En tant que commercial, vous aurez souvent droit à une véritable batterie de tests destinés à évaluer votre profil, mais aussi des qualités spécifiques comme la résistance à la frustration et au stress. Il faut donc commencer par être résistant aux tests !

ASCENDANT
Il s'agit de l'ascendant que vous avez sur les autres. Si vous êtes à l'aise dans les relations avec vos collègues, que vous êtes un boute-en-train et que vous savez avoir de l'autorité, vous aurez une note élevée à cet item. Si vous êtes plus du genre à écouter qu'à parler, et à laisser les autres prendre des initiatives, vous aurez une note basse.

RESPONSABILITÉ
Peut-on toujours compter sur vous ? Vous aurez un bon score. Une note basse sera un mauvais signe pour vous, elle montrera que vous n'êtes pas régulier dans votre travail qui, d'ailleurs, ne vous passionne guère…

STABILITÉ ÉMOTIONNELLE
Contrôle de soi, et équilibre intérieur vous donneront une note élevée. Anxiété, sensibilité, et tension, une note basse.

Sociabilité

Un candidat ayant l'esprit d'équipe, le goût des relations humaines, aura une note élevée. A l'inverse, un candidat préférant travailler seul aura une note basse.

Estime de soi

Cet item mesure le degré de confiance en soi, ce qui peut être important à évaluer pour un poste où il ne faut pas hésiter à aller de l'avant.

Quand le principe du test est de choisir une proposition parmi plusieurs, il faut toujours regarder celles que l'on élimine autant que celles que l'on choisit.

Circonspection

Etes-vous tout-fou comme un jeune chiot ou réfléchi comme un vieux sage ? Cet item vous le dira. Vous avez une note élevée ? Vous êtes prudent, calculant les risques avant de vous lancer. Vous avez une note basse ? Vous avez du mal à réfléchir avant d'agir.

Pensée originale

Les candidats à la curiosité intellectuelle aiguisée auront une note élevée. Ce sont des personnes qui n'auront pas peur de situations compliquées et de la nouveauté. Les candidats qui auront tendance à éviter les situations nouvelles, qui n'apprécient pas particulièrement les discussions qui sortent du commun, auront une note faible.

Relations interpersonnelles :

Une note élevée témoigne d'une capacité à faire confiance aux autres, à manifester tolérance, compréhension et patience à leur égard. Une note faible témoignera d'irritabilité, de critique négative.

Energie :

Une note élevée vous montrera comme ayant un grand dynamisme, une importante capacité de travail et de la rapidité dans l'exécution des tâches. Une note basse montrera un général désintérêt pour le travail et une tendance à la fatigue.

L'inventaire de personnalité d'Eysenck (EPI)

Chaque questionnaire mesure des traits précis, supposés dresser un tableau complet de votre personnalité. Il est intéressant de savoir ce qui est recherché, pour donner des réponses pertinentes.

Inspiré des travaux du célèbre psychologue Eysenck, ce test mesure deux traits de personnalité : extraversion-introversion et la stabilité émotionnelle. Ce test s'utilise rarement seul, mais en complément d'autres tests de personnalité. Il sert surtout à affirmer ou infirmer les résultats de ces autres tests.

Cinquante-sept questions vont vous être posées auxquelles il s'agira de répondre par oui ou par non.

Exemples :

— Dit-on de vous que vous êtes une personne honnête ?

— Vous posez-vous souvent des questions sur l'estime que vous portent vos collaborateurs ?

— Est-ce que vous êtes plus entrepreneur que penseur ?

Les détecteurs de mensonge

Ce test a une particularité qui est de posséder une « échelle de mensonge », plus sobrement appelée « échelle de contrôle de la désirabilité sociale ». Elle est mesurée par le biais de dix-huit questions clandestines, dispersées dans le test et indécelables.

Si le candidat dépasse la note de 5 sur une

échelle de 9, on peut conclure qu'il s'est montré sincère dans ses réponses. N'ayez crainte si vous dépassez la note de 6 ou 7, les recruteurs savent bien que tout le monde cherche à se mettre en valeur lors de la passation d'un test de personnalité dans le cadre d'une embauche. Mais gare à vous si vous dépassez 8, là, votre réelle intention de falsifier sera mise à jour !

La mesure d'introversion - extraversion

Les personnes ayant une personnalité extravertie sont dépourvues d'inhibition : ils prennent la parole en public, établissent des plans pour arracher des marchés à leurs concurrents, défendent becs et ongles leurs projets.

Les questions piège, disséminées ici et là, détectent votre sincérité. Si vous voulez vous montrer trop parfait, cela finira par sembler louche.

Ce sont naturellement des gens qui déploient tous leurs talents en travaillant en groupe. Elles y sont d'ailleurs très appréciées, car elles ont un grand sens de la communication et des relations humaines. Attention, si cette personnalité extravertie vire à l'extrême, vous aurez face à vous une personne désordonnée, sans inhibition, voire agressive.

A l'inverse, les personnes ayant une personnalité introvertie sont réservées, voire distantes, elles sont dotées d'une grande force morale et sont souvent dignes de confiance. Là encore, à l'extrême, la personnalité vire à la rigidité et à l'intolérance.

Vous aurez compris que chaque métier a plus ou moins besoin de candidats de type introverti ou extraverti.

Stabilité émotionnelle

Cette échelle mesure principalement le degré de réactivité émotionnelle et la résistance au stress. Les personnes très réactives sont sujettes à l'anxiété et auront une note élevée.

Chapitre IV

pages 107 > 121

LES TESTS SUR ORDINATEUR

La passation du test se fait en temps limité. Il vous faut donc aller d'autant plus vite que si vous tardez trop, l'ordinateur passe d'autorité à la question suivante ! Et vous n'avez naturellement pas la possibilité de revenir en arrière.

Potentiel et Intelligence (Sigmund)

Ce logiciel de personnalité a été mis en place par la société Sigmund afin d'aider les DRH à recruter. En fait, il s'agit de deux tests différents respectivement nommés : Sigmund Potentiel et Sigmund Intelligence. Ce dernier est complémentaire du premier et mesure douze formes d'intelligences en quatre cent soixante-sept questions. Nous ne parlerons ici que du premier puisque c'est celui qui a été créé pour mesurer la personnalité.

Ce n'est pas parce que le Sigmund est informatisé qu'il est moins précis qu'un test passé avec papier et crayon. Les grilles de dépouillement sont aussi précises dans les deux cas !

LE SIGMUND POTENTIEL

Le premier, le Potentiel, est utilisé pour le recrutement, l'orientation professionnelle, la promotion, l'out-placement et également l'évaluation annuelle. Pas moins de trente-huit critères de votre personnalité vont être passés au crible par quatre cent soixante-trois questions à choix fermé.

Exemple :

« Que pensez-vous de la citation de Léonard de Vinci : “ Il faut contempler, il faut penser, ceux qui pensent peu se trompent beaucoup . ”

— C'est très juste ;

— C'est juste ;

— Ce n'est pas si simple ;

— C'est faux. »

Ce test va décomposer votre personnalité par le biais de dix domaines d'intervention regroupés en trois domaines d'investigation eux-mêmes découpés en trente-huit critères ! Chaque recruteur peut ainsi choisir lui-même les critères qu'il souhaite évaluer pour le poste à pourvoir. C'est cette possibilité qui a fait tout le succès du Sigmund Potentiel.

L'entreprise choisit ses critères

C'est l'entreprise qui choisit ses critères par rapport au poste à pourvoir. Ceux-ci révèlent donc la personnalité de l'entreprise, avant la vôtre.

Les dix domaines d'investigation analysés par le Sigmund Potentiel sont les suivants :

— sens de la valeur du travail : adhésion à la valeur du travail et intérêt dominant pour la réussite professionnelle ;

— sens du management : potentiel managérial, charisme, affirmation de soi ;

— sens de l'action : tendance à valoriser l'action, capacité à s'engager et volonté d'aboutir ;

— sens de la communication : capacité à adapter et à transmettre un message en fonction de sa cible, sens commercial et aptitude à convaincre son interlocuteur ;

— sens de l'équipe et de l'échange : aptitude à coopérer et à accomplir une tâche collective ;

— adhésion aux usages et aux règles : attachement aux normes et aux règles établies, acceptation des structures, conformisme social ;

— sens technique : maîtrise de certaines connaissances de gestion. Aptitude à s'adapter à des outils modernes de traitement de l'information, goût de l'ordre et de la méticulosité ;

— adaptabilité : capacité à s'adapter à des situations et des milieux nouveaux, à résoudre des problèmes concrets et intégrant l'expérience.

— sens du positif : tendance à être positif vis-à-vis de soi, de son environnement et des situations.

— sens de l'exécution : aptitude à mener à bien un travail d'exécutant. Tendance à l'effacement.

Nous vous faisons grâce des trente-huit critères étudiés mais sachez quand même que les trois dimensions qui les regroupent sont :

— la dimension professionnelle,

— la dimension sociale,

— la dimension psychologique.

Une épreuve en temps limité

La passation du test dure une heure. Il vous faut donc aller d'autant plus vite que si vous tardez trop, l'ordinateur passe d'autorité à la question suivante ! Et vous n'avez naturellement pas la possibilité de revenir en arrière.

Bien sûr, vous aurez compris que de ne pas répondre à un nombre trop important de questions vous pénalisera. Le temps qui vous est imparti pour chaque question est variable d'un candidat à l'autre, il est calculé selon votre niveau d'études.

Attention au détecteur de mensonge

Ce test fait partie des tests qui comportent une échelle de mensonge. Et là, attention ! Plus diplomatiquement appelée « échelle d'adhésion », elle mesure votre degré d'implication et d'honnêteté dans vos réponses.

Sur ordinateur, il n'y a pas de temps à perdre. Vous ne pouvez pas dépasser 28 secondes par question.

La mesure de votre adhésion se fera grâce à des « questions pièges ». Par exemple si à la question : « Avez-vous déjà eu une amende pour mauvais stationnement ? », vous avez répondu : « Non, jamais », on peut douter de votre sincérité. Tout le monde a eu une amende un jour ou l'autre !

Au final, une auto-évaluation par le candidat

Autre particularité du Sigmund Potentiel, à la fin de sa passation, le recruteur va vous demander de vous auto-évaluer par le biais d'une note sur les différents critères retenus pour le poste à pourvoir. Ces notes seront mises en comparaison avec celles trouvées par l'ordinateur. Le but est de savoir si vous avez tendance à vous sous-évaluer ou surévaluer. Si vous avez été sincère et honnête dans vos réponses, vous tomberez juste dans votre auto-évaluation. S'il y a une différence flagrante entre vos notes et celles de l'ordinateur, saisissez cela comme une chance lors de l'entretien pour argumenter, donnez des exemples, montrez votre intérêt pour le test.

Sosie (Éditions du centre de psychologie appliquée)

Le Sosie vous donne une image de votre identité professionnelle selon une liste de critères, pour évaluer votre style de management.

Le Sosie est en quelque sorte le sosie de Sigmund Potentiel ! Comme son concurrent, ce test intéresse particulièrement le monde de l'entreprise. Il est à noter que si le Sosie est utilisé dans le cadre d'un recrutement, il est presque systématiquement accompagné d'un test d'intelligence.

Ce test est présenté par l'éditeur lui-même comme « un guide de compréhension de soi ». Il ajoute même que « le Sosie fournit une image de vous-même, votre sosie et vous révèle la façon dont vous êtes perçu par les autres dans un cadre professionnel ». Chaque candidat va être évalué selon sa personnalité. Quatre-vingt-dix-huit blocs de quatre propositions vont vous êtes présentés, vous devez cocher dans chacun celui qui vous convient le plus. Le temps de passation est de quarante-cinq minutes.

Exemples :

— A un excellent appétit,

— Est souvent malade,

— Arrive toujours à l'heure,

— Ne supporte pas les conflits.

Ou bien :

— Ne sait pas travailler en équipe,

— Préfère changer de projet souvent,

— Aime les conflits d'autorité,

— Se lie facilement avec les gens.

En fonction de ces réponses, le candidat va être évalué à travers quatre styles de comportement ou de management qui regrouperont tant ses traits de personnalité que les valeurs auxquelles le candidat croit dans le travail. Les quatre critères évalués sont :

■ **Les dimensions personnelles** sont évaluées par l'ascendant, la stabilité émotionnelle, l'estime de soi, le dynamisme et la persévérance.

■ **Les aspirations** sont évaluées par le challenge personnel, la considération sociale, la liberté d'action, le goût pour la variété et la nouveauté, l'intérêt pour les autres.

■ **Le travail** est évalué par la circonspection, la curiosité d'esprit, l'implication et la décision, l'organisation et la méthode, la clarté des objectifs.

■ **Les échanges** sont évalués par la sociabilité, l'acceptation des autres, la recherche d'approbation, le conformisme, le goût du pouvoir.

La rapidité des réponses sert d'indicateur de votre spontanéité. Quand vous prenez plus de temps, l'on suppose que le point concerné vous pose davantage de problèmes.

Tout l'intérêt du Sosie est d'évaluer votre style de comportement et de management. Quatre profils peuvent être ainsi dégagés.

Profil A : « stabilité et structure »
C'est le profil de ceux qui organisent, qui réfléchissent beaucoup avant d'agir, sont prudents et très respectueux des normes. La nouveauté ne les attire pas particulièrement.

Profil B : « pouvoir et activité »
C'est le sosie d'un professionnel efficace, qui a une grande facilité de contact et une grande capa-

cité de travail. S'il n'est pas sensible à l'approbation des autres, il l'est en revanche aux marques de pouvoir.

Profil C : « ouverture et contrôle »

C'est le portrait d'une personne de confiance. Une personne tenace, qui se caractérise par le contrôle de ses émotions, sa prudence, sa persévérance, son ouverture d'esprit et sa tolérance à la critique. Bref, quelqu'un sur lequel on peut compter.

Il a été défini quatre styles de comportement et de direction d'équipe qui ne sont ni bons ni mauvais, mais adaptés à un poste.

Profil D : « désintéressement et conviction »

C'est, ici, le portrait d'un expert qui place haut ses propres critères de réussite. Son goût pour le challenge personnel est important. C'est donc une personne à qui il faut confier un poste à responsabilités où il aura à prendre des décisions.

Il n'y a pas de bons et de mauvais profils. Tous sont adéquats à un type de poste. Le recruteur qui s'est engagé auprès de l'éditeur à restituer les résultats à chaque candidat, pourra vous remettre en fin d'entretien un « dossier de restitution » avec l'ensemble de l'analyse de vos notes.

Dialecho (Performanse)

L'originalité de Dialecho est qu'il utilise trois niveaux de perception différents pour cerner au mieux la personnalité du candidat. En effet, il propose de comparer les trois niveaux suivants :

— la perception du candidat, établie par auto-évaluation ;

— la perception de l'évaluateur, établie par observation ;

— la perception du décideur, obtenue également par observation.

C'est un test qui s'utilise dans le recrutement, mais aussi dans la gestion prévisionnelle des compétences, dans l'adéquation d'un individu à son poste et dans la gestion du développement personnel en tant qu'aide à l'orientation professionnelle.

Performanse Dialecho est en fait constitué de deux outils différents mais complémentaires.

Performanse Echo

C'est un outil d'auto-évaluation qui propose soixante-sept couples de phrases. Vous n'avez pas de temps limité pour choisir parmi ces couples la phrase qui vous ressemble le plus mais sachez quand même que votre temps de passation sera examiné en fin d'épreuve.

Exemple : « Quand un nouveau projet se présente dans mon équipe :

— Je suis le premier à m'y intéresser ;

— Je laisse les autres débroussailler le travail. »

Le principe de Performanse : comparer la perception que le candidat a de lui-même avec celle du recruteur et celle de l'évaluateur. De la confrontation de ces trois approches doit naître une synthèse profitable...

Performanse Dialog

Il est l'outil d'observation de l'évaluation basé sur soixante-quatorze qualificatifs auxquels le recruteur lui-même devra dire s'ils vous correspondent ou non. En dix minutes, il devra dire si, par exemple, les qualificatifs suivants : prévenant, combatif, impartial, tendu, raisonneur, actif, vous caractérisent « plutôt oui » ou « plutôt non ». Ces qualificatifs se rapportent aux six grands domaines de la personnalité que l'évaluateur doit investiguer chez vous :

— l'activité,

— l'intelligence,

— l'autorité,

— l'affirmation,

— la fiabilité,

— la sociabilité.

L'analyse que permet ce test est très complète et se présente en trois parties. L'objectif dans cette première partie est de définir l'environnement professionnel dans lequel la personne pourra atteindre l'épanouissement et l'efficacité maximums.

Ensuite, sera chiffré un profil de personnalité que le recruteur pourra comparer au profil idéal préalablement défini, au profil des autres candidats et au profil des potentiels futurs collaborateurs du candidat. Enfin, un bilan par rapport à la fonction à assurer est donné. Le temps de passation, également analysé, permet au recruteur d'assurer la validité des résultats et d'orienter ses questions vers un domaine où les réponses ont été moins spontanées.

PPE 4.2 (SHL France)

Le PPE analyse votre profil personnel, vos valeurs, vos relations aux autres, mais aussi votre fonctionnement en équipe. Les liens entre les données recueillies sont également analysés.

Ce test se propose d'analyser la personnalité d'un candidat à partir de ses réponses à quatre-vingt-dix questions qui permettent de mesurer trente dimensions de la personnalité. Le profil individuel et le profil du candidat dans un travail d'équipe seront échafaudés. Le temps de passation est de quarante-cinq minutes. Il faut choisir entre quatre propositions celle qui vous convient le plus.

Exemple :

— Aime rencontrer des nouvelles personnes,

— Finis toujours le travail commencé,

— Aime gagner de manière générale,

— Respecte la pensée de chacun.

VOTRE PROFIL PERSONNEL

Trois domaines particuliers vont être analysés :

— votre mode de relation (Aimez-vous commander ? Etes-vous modeste ? Vous intéressez-vous à autrui ?) ;

— votre mode de pensée (Etes-vous pratique, rationnel, innovant, soucieux des détails ?) ;

— vos sentiments et émotions (« Etes-vous décontracté, optimiste, maître de vous, critique ? Avez-vous de l'ambition, l'esprit de décision ?).

VOTRE PROFIL D'ÉQUIPE

Il sera examiné selon trois aspects complémentaires :

— votre mode de collaboration : êtes-vous un collaborateur, un meneur, un prospecteur, un finisseur ?

— votre style de management : êtes-vous directif, délégatif, participatif, consultatif, négociateur ?

— votre style de participation : êtes-vous autonome, suivez-vous les directives, coopérez-vous ?

Aux quatre-vingt-dix questions qui vont vous être soumises est rattachée une échelle de cohérence pour vérifier la véracité de vos réponses. L'ordinateur va ensuite étalonner les trente critères en donnant une note de 1 à 10. Ces scores seront ensuite analysés, et comparés à ceux d'une population de référence.

Soyez très attentif à l'entretien, pour bien comprendre les résultats. Car le dossier écrit que l'on vous remettra est difficilement compréhensible pour un néophyte.

Le résultat : profil de personnalité et compte rendu

L'originalité du PPE 4.2 est de délivrer à la fois le profil de personnalité sous forme de tableaux, mais aussi un compte rendu établissant liens et corrélations entre les multiples données. Ce compte rendu est une base pour le recruteur, qui affinera les hypothèses lors d'un entretien.

Le PPE 4.2 est rarement utilisé seul. La réussite d'un candidat dépend de ses compétences, de sa personnalité et de ses motivations. Si la personnalité est évaluée par le PPE 4.2, le reste le sera par d'autres tests comme un test de capacité et d'aptitudes, un questionnaire de motivation, un test de pensée productive, et des exercices de motivation.

Accura (Sunsoft)

Essentiellement destiné aux cadres et cadres supérieurs, ce test fait partie d'un ensemble plus complexe de quatre logiciels. Au départ un questionnaire d'auto-évaluation : Accura profil personnel, qui servira de base d'analyse aux trois autres.

L'objectif est d'analyser les comportements professionnels et les relations de travail d'un individu par le biais de cent vingt-quatre questions qui regroupent chacune trois affirmations ou adjectifs parmi lesquels vous choisissez celle qui vous correspond le plus.

Accura est un ensemble de quatre logiciels analysant le comportement personnel et professionnel, plutôt destiné aux cadres et cadres supérieurs.

Exemple : minutieux et ordonné :

— cela ne me ressemble pas du tout,
— cela me ressemble assez souvent,
— cela me ressemble le plus souvent.

Le recruteur sera informé de la manière dont vous vous comportez en tant que manager, grâce à l'analyse de vos réponses selon douze critères :

— humanisme — affiliation
— approbation — conformisme
— dépendance — appréhension
— opposition — pouvoir
— compétition — perfectionnisme
— réalisation — ouverture d'esprit.

Votre profil de manager sera tracé selon quatre axes : votre manière de manager les tâches, de gérer les conflits, de conduire et motiver une équipe.

Les résultats se présentent sous la forme d'un profil graphique, d'un rapport sommaire et d'un rapport complet. C'est dans le rapport complet que seront résumées les caractéristiques du candidat, ses atouts maîtres, des conseils pour améliorer son efficacité, un résumé de la situation du candidat.

En plus de cela, Accura propose au recruteur d'affiner un point précis et propose de fournir un compte rendu supplémentaire sur une qualité qu'il semble particulièrement important pour le recruteur de posséder pour le poste, comme par exemple : planifier, organiser, diriger, contrôler.

U-Test (U-man)

Voici un test qui a une devise : « The right man at the right place » (le bon candidat à la bonne place). En évaluant les éléments qui influenceront la capacité d'un individu à commencer, à continuer et à achever une tâche, U-Test identifie les candidats dont les personnalités sont compatibles avec l'entreprise. U-Test a pour credo la loi de Pareto selon laquelle : « 20 % des efforts déterminent 80 % des résultats ». C'est donc la productivité qui va être étudiée ici au travers de dix critères de personnalité. En soixante minutes, trois cents questions à choix forcé par triade sont présentées au candidat.

L'U-Test se concentre sur la mesure de votre efficacité, de votre capacité à aller jusqu'au bout de vos réalisations. Si vous êtes reconnu comme « productif », vous serez sélectionné.

En premier lieu, c'est le CV personnel du candidat qui va être analysé : ses réalisations, son organisation, sa motivation, ses progrès, son stress. Ensuite, sont analysées les capacités personnelles du candidat en deux cents questions.

Dix points sont mesurés :

— sa stabilité,
— son enthousiasme,
— son contrôle de soi,
— sa certitude,
— son activité,
— sa détermination et conviction,
— son sens des responsabilités,
— son sens des réalités,
— son empathie,
— sa communication.

Ce test a été conçu spécialement pour le recrutement. Il compare la personnalité du candidat à celle qui a été définie pour le poste.

La totalité de l'analyse est soumise au recruteur qui, au mieux, l'examine avec le candidat. Si on vous fait passer ce test, vous détenez un élément précieux : la productivité est un atout majeur pour le poste auquel vous postulez. Avant l'entretien de restitution, relisez donc votre curriculum vitæ et préparez-vous à mettre en avant les résultats et les expériences où votre productivité apparaît évidente. Vous ferez ainsi excellente impression auprès de votre interlocuteur.

Aptitudes et motivations (Conceptval)

Ce test a la particularité de mesurer les aptitudes personnelles et les motivations de chaque candidat. En vingt minutes, vous devez répondre à cent vingt propositions alternatives à choix forcé.

Exemples :

— Vous aimez qu'on vous apprécie,

— Vous préférez travailler en équipe,

— Vous appréciez qu'on programme votre travail à l'avance,

— Vous n'aimez pas être mis en concurrence avec un collègue.

Ce test est essentiellement axé sur le recrutement puisque ses objectifs sont d'évaluer trois composantes essentielles d'un candidat qui se présentera pour une embauche :

— les aptitudes et les motivations du candidat,

— la personnalité du candidat appliquée à un profil type du poste,

— une comparaison du profil du candidat avec un profil type.

Les principaux traits de la personnalité sont évalués en termes d'aptitudes et de motivation en fonction de neuf domaines d'investigation :

— aptitudes intellectuelles,
— caractère,
— activité,
— dynamisme,
— intégration,
— relation et communication,
— management,
— créativité,
— motivations

Les trois objectifs du test sont remplis dans la présentation des résultats. Les aptitudes et motivations du candidat sont présentées sous forme d'histogramme. Chacun des neuf items précités se trouve situé sur une fourchette allant de « faible » à « excellent » en passant par « moyen » et « fort ». Le profil du candidat est ensuite appliqué par comparaison au profil du poste à pourvoir. Le logiciel définira si le candidat est « en alerte, en opposition, en adéquation, au-dessus ou au-dessous » des compétences requises. Puis, le profil du candidat sera comparé avec un profil idéal en termes de compatibilité et de complémentarité.

Même si votre profil est très différent de celui qui est recherché, rien ne vous empêche de chercher à convaincre le recruteur que vous êtes tout autant adapté au poste !

Ceci sera fait en termes de :
— compatibilité de motivations
— compatibilité d'humeur
— compatibilité professionnelle
— compatibilité positive.

Comment s'en sortir

Si votre profil se révèle être très éloigné du profil idéal, vous pouvez dans un premier temps vous informer sur les éléments statistiques qui ont permis d'élaborer le profil type. Puis, si le poste vous intéresse vraiment, faites la démonstration par l'expérience que deux profils psychologiques différents peuvent réussir dans une même fonction.

Chapitre V

pages 123 > 138

LES ATTITUDES FACE AUX TESTS DE PERSONNALITÉ

Vous avez tout à perdre à dissimuler un trait de votre personnalité. Tout d'abord parce que ce que vous pensez être un défaut peut être vu comme une qualité pour le poste à pourvoir. Ensuite, les tests sont fabriqués de telle manière qu'il est impossible de bluffer.

Vous êtes angoissé... comme tout le monde !

Soyons honnête et arrêtons la culpabilisation : ressentir de l'angoisse face aux tests de personnalité est normal ! Les conditions de passation ne sont pas confortables, c'est le moins que l'on puisse dire. Pour la plupart d'entre vous, c'est la première fois que vous vous trouvez face à un psychologue dont vous imaginez qu'il peut lire en vous comme dans un livre (ce qui, disons-le tout de suite, est un pur fantasme).

Le meilleur conseil est d'arriver calme et détendu le jour de l'épreuve. Facile à dire ! Vous êtes, pour la plupart, anxieux, tendus, perturbés, déstabilisés et... vous perdez beaucoup de vos chances ! Mais c'est normal !

L'introspection, un exercice difficile

La situation en elle-même, d'autre part, n'est pas agréable : avoir à répondre à des questions sur vous à un parfait inconnu est un exercice difficile, d'autant plus que l'idée de se voir refuser un poste sur des critères de personnalité est assez vexante par avance. Il est plus facile de croire que sa candidature a été écartée faute des compétences ou des diplômes nécessaires, qu'à cause d'une personnalité « inadéquate ».

Vous risquez alors de penser que tous les recruteurs à l'avenir parviendront à la même conclusion (ce qui est faux). D'autant qu'il est rare qu'un recruteur prenne le temps de vous expliquer l'objectif des tests de personnalité.

Vous pouvez donc vous demander avec inquiétude quel est l'intérêt d'une question comme : « Préférez-vous la gentillesse ou la tendresse ? », alors que vous cherchez un poste commercial import-export...

Voici une liste de conseils qui, à défaut de vous libérer de votre angoisse, pourront vous aider.

Quelques règles de bonne conduite

Soyez honnête et spontané

Vous avez tout à perdre à dissimuler un trait de votre personnalité. Tout d'abord parce que ce que vous pensez être un défaut peut être vu comme une qualité pour le poste à pourvoir. Ensuite, les tests sont fabriqués de telle manière qu'il est impossible de bluffer. Pour mesurer un seul critère, plusieurs questions jalonnent le questionnaire. Il vous faudrait d'abord repérer ces questions pour pouvoir répondre à toutes de la même façon, ce qui n'est pas possible. Enfin, les tests sont construits de manière équilibrée, si vous cherchez à forcer le trait sur une particularité de votre personnalité, vous allez le faire au détriment d'un autre. Si vous vous forcez à passer pour méticuleux, précis et ordonné, vous risquez de passer pour un maniaque obsessionnel.

Mentir est dangereux. Vous ne pouvez pas savoir à l'avance quel profil idéal a été défini pour le poste. Une note trop élevée dans un critère qui vous semble important a peut-être été définie comme éliminatoire !

Enfin, sachez que la plupart des tests possèdent un indice de cohérence ou de contradiction. Il révèle que vous avez voulu fausser les résultats mais que vous ne l'avez pas fait suffisamment bien pour que cela ne se remarque pas.

Résultat, non seulement vous passez pour un menteur mais aussi pour quelqu'un de pas très malin ! Si vos manipulations ne sont pas révélées à ce moment-là, dites-vous qu'elles le seront au cours de l'entretien qui va suivre.

Dernière chose : vous seriez un jour ou l'autre très embarrassé d'avoir été recruté sur de faux critères. Si vous ne possédez pas in fine les qualités requises, vous seriez le premier à en souffrir. Rappelez-vous que l' objectif de ces tests n'est pas de vous piéger, mais de savoir si vous convenez à un poste.

Soyez honnête mais pas stupide

Si l'honnêteté paie, n'en faites pas trop quand même. Evitez de répondre par l'affirmative à toutes les questions demandant si vous avez connu des moments de grande tristesse ou de désespoir. Un recruteur n'embauchera pas un candidat potentiellement dépressif. Inutile également de préciser que vous aimez les expériences étonnantes au point d'avoir essayé la drogue.

Pratiquement tous les tests de personnalité cherchent à mesurer votre capacité à travailler en équipe. Ils vont donc vous poser des questions sur votre sociabilité. Mentez un peu s'il le faut.

Montrez-vous sociable ! Si vous dites préférer les sports solitaires comme le jogging, n'alarmez pas votre recruteur en ajoutant que vous préférez passer également les vacances et les soirées tout seul.

De même, évitez de faire croire que vous avez une faible confiance en vous et dans vos compétences. N'hésitez pas à répondre aux questions d'une manière un peu plus audacieuse que vous ne le feriez dans la réalité. De manière générale, pour ne pas effrayer votre recruteur, vous devez vous montrez intéressé par les situations nouvelles.

A l'inverse, vous devez éviter de vous montrer comme quelqu'un qui ne supporte pas la critique, qui est un solitaire introverti et qui serait profondément abattu si le poste ne lui revenait pas.

Ayez confiance en vous

Dites vous bien que si on vous propose des tests de personnalité c'est que votre candidature a été sélectionnée. Votre CV a été retenu et le premier entretien s'est bien déroulé. Vous avez donc toutes vos chances.

De plus, l'entretien qui suit les tests de personnalité permet de mettre en valeur, avec le recruteur, vos qualités et motivations. Excellente occasion de lui donner plus d'arguments pour vous embaucher.

Conseils pour le jour même

ARRIVEZ REPOSÉ

Préparez-vous à la passation d'un test de personnalité comme à un examen. Une bonne nuit, un bon petit déjeuner et vous arriverez les idées claires.

Les tests de personnalité ont ceci de particulier qu'ils mesurent votre personnalité au moment de la passation. Si vous arrivez déprimé et fatigué, votre profil de personnalité aura ces caractéristiques.

Vous pouvez utiliser la méthode Coué, et vous répéter plusieurs fois par jour, trois jours avant le test, que vous êtes sérieux, compétent, bien dans votre peau, fait pour ce poste et que ce test va en être la preuve éclatante ! Même les champions olympiques se livrent à ce genre d'exercice !

ASSUREZ-VOUS D'AVOIR BIEN COMPRIS LE DÉROULEMENT DU TEST

N'hésitez pas à demander des précisions, en posant rapidement ces questions :

— « Combien de temps ai-je à ma disposition ? »,

— « Le recruteur va-t-il venir me chercher ou est-ce à moi d'aller le retrouver dans son bureau ? »,

— « Faut-il que je réponde à toutes les questions sans exception ? »,

— « Dois-je entourer la réponse qui me convient le mieux ou le contraire ? »

Si on vous donne une consigne claire et brève, notez-la, soyez sûr que tous les mots comptent et qu'elle vous guidera dans la passation.

RÉPONDEZ VITE

Même si le recruteur ne vous a pas laissé de consigne particulière à ce sujet, le temps que vous utilisez est une information pour lui. Ne dépassez pas les trois quarts d'heure pour un test de personnalité sur papier qui comporte plus de cent questions, et pas plus de trente minutes pour un test sur ordinateur. Autre avantage si vous répondez vite : vous n'avez pas le temps de réfléchir ! Si vous trouvez le bon rythme, vous oublierez toute stratégie de dissimulation et de manipulation.

L'entretien à la suite du test de personnalité

L'entretien qui suit la passation du test de personnalité est ca-pi-tal. C'est là que vous allez enfin récolter les fruits de votre labeur. Si le recruteur accepte de jouer franc-jeu, vous ne regretterez pas toutes les angoisses que ce test a suscitées en vous. Sachez que cet entretien a bien plus d'importance que le test en question.

C'est pour cela que même si vous pensez que les tests ne servent à rien ou que la méthode des QCM est réductrice, jouez quand même le jeu, car l'entretien vous donnera la possibilité de compléter les renseignements que le recruteur a collecté sur vous avec son test.

Si vous prenez trop de temps à répondre, le recruteur peut croire que vous mobilisez beaucoup de votre énergie à essayer de vous faire passer pour un autre.

Les comptes rendus des tests de personnalité, qu'ils soient faits manuellement ou par ordinateur, sont aujourd'hui tellement bien élaborés qu'ils sont de véritables « terre-pleins » pour un entretien . A la simple lecture de votre analyse, de multiples questions vont affluer dans la tête de votre interlocuteur.

Il souhaitera approfondir avec vous vos points forts et vos points faibles.

Les recruteurs que nous avons rencontrés nous ont dit la même chose : c'est l'entretien qui prime sur le résultat des tests de personnalité. Si vous avez pendant l'entretien une attitude nonchalante, l'analyse de votre test aura beau parler de vous comme quelqu'un d'ordonné et de rigoureux, le recruteur croira ce qu'il voit. Savoir cela est un atout considérable. C'est une occasion de vous retrouver acteur dans votre recrutement. Vous devez donc vous préparer à cet entretien. C'est là que le recruteur va vous demander d'argumenter par des exemples certaines parties de vos résultats. Si vous avez un haut score de dynamisme et de motivation, il peut vous demander de lui raconter dans quelles circonstances, dans votre ancien poste, vous avez su faire preuve d'innovation, comment vous aviez évalué les risques. Apprenez à parler de vous, de vos défauts, de vos qualités, de vos ambitions… Préparez pour ce faire une série d'exemples professionnels qui vous semblent bien vous caractériser. Puisez également dans vos souvenirs d'études et de stages.

Si vous ne savez vraiment pas quoi répondre à une question précise, mettez-vous dans la peau de Monsieur-tout-le-monde, on ne saurait vous reprocher d'être banal.

Les questions classiques à l'entretien

Les questions auxquelles vous avez répondu durant les tests devraient vous aider à réfléchir. Soyez rassuré, il n'y a pas de bonnes et de mauvaises réponses. Entraînez-vous à répondre aux questions intimes.

« PARLEZ-MOI UN PEU DE VOUS »

Faites une contre-question sous forme d'alternative du type : « Préférez-vous que je développe mes traits de personnalité ou mes compétences professionnelles ? »

« QUELS SONT VOS PRINCIPAUX DÉFAUTS ET QUALITÉS ? »

Pas de difficulté pour vos qualités.

Pour les défauts, choisissez un défaut mineur en précisant ce que vous faites pour y remédier.

« Si vous pouviez changer un élément de votre personnalité, lequel choisiriez-vous et pourquoi ? »

Même type de réponse que ci-dessus. Plus audacieux : reconnaissez que vous assumez pleinement votre personnalité.

« AVEZ-VOUS DÉJÀ FAIT UNE ÉTUDE GRAPHOLOGIQUE ? »

Précisez dans quelles circonstances (de votre

propre initiative, par rapport à un poste précis...). Si vous en avez obtenu les résultats, choisissez trois points positifs et un point à améliorer en rapport avec le poste pour lequel vous êtes convoqué.

« QU'EST-CE QUI A ÉTÉ DÉTERMINANT DANS LA FORMATION DE VOTRE PERSONNALITÉ ? »

Sachez identifier dans votre origine sociale, vos études et vos expériences professionnelles quelques dénominateurs communs qui marquent aujourd'hui votre personnalité. Cette question demande une introspection difficile qu'il est préférable d'avoir effectuée avant l'entretien.

Les recruteurs sont très attentifs à tout ce qui se passe pendant les entretiens : votre manière de vous habiller, de parler, d'exprimer des émotions positives et négatives, votre gestuelle, votre regard, etc.

« COMMENT VOS COLLABORATEURS, COLLÈGUES, VOTRE PATRON, VOS AMIS, VOUS DÉCRIVENT-ILS ? »

Citez trois points évidents de votre personnalité. Exemples : dynamique, imaginatif et fonceur

« VOUS ENTENDEZ-VOUS AVEC VOS COLLÈGUES ? »

« Oui, bien sûr. » Laissez votre interlocuteur aller plus loin dans cette question s'il le souhaite.

« VOUS ENTENDEZ-VOUS AVEC VOS SUBORDONNÉS ET VOS SUPÉRIEURS HIÉRARCHIQUES ? »

Même type de réponse que ci-dessus.

COMMENT RÉAGISSEZ-VOUS QUAND VOUS VOUS RETROUVEZ DANS UNE SITUATION DE CONFLIT AVEC UN COLLÈGUE, VOTRE SUPÉRIEUR HIÉRARCHIQUE ?

Donnez un exemple concret et récent et indiquez la manière dont vous avez procédé. Ne répondez

LES RÉSULTATS DES TESTS

■ L'entreprise n'est pas obligée de vous communiquer les résultats de vos tests de personnalité. A moins qu'il s'agisse de tests que vous avez passé sur informatique. Dans ce cas, obligation leur est faite de répondre à votre demande. Cette obligation fait partie de la loi du 6 janvier 1978 relative à l'informatique et aux libertés. Vous avez donc le droit de les demander et aucun recruteur intelligent ne vous refusera ce droit. Certaines entreprises le font d'ailleurs systématiquement, que vous en fassiez la demande ou non. Quelques tests, comme le Papi, exigent d'ailleurs des psychologues qui le font passer de restituer les résultats aux candidats, c'est une condition à laquelle chaque recruteur s'engage en acquérant ce test. Mais, il existe des cabinets de recrutement qui ne donnent les résultats aux candidats que si ces derniers les leur demandent. N'hésitez pas à le faire, vous avez tout à y gagner.

pas à cette question de manière générale car il n'y a pas deux conflits identiques.

« QU'EST-CE QUI VOUS MET EN COLÈRE ? »

Faites une réponse du type : l'injustice, la pauvreté.

« ETES-VOUS PATIENT ? »

Répondez brièvement puisqu'il s'agit d'une question fermée. Ne tombez pas dans le piège d'un développement trop long qui ne peut que vous desservir.

« PRÉFÉREZ-VOUS TRAVAILLEZ SEUL OU EN ÉQUIPE ? »

Suivant les exigences du poste pour lequel vous postulez, répondez en illustrant l'une ou l'autre des méthodes de travail.

« AIMEZ-VOUS COMMANDER ? »
Développez votre type de management.

« COMMENT VOUS INTÉGREZ-VOUS DANS UN GROUPE ? »
Développez un exemple dans votre vie professionnelle.

« VOUS ARRIVE-T-IL DE VOUS ENNUYER ? »
Si c'est le cas, prenez un exemple dans votre vie privée.

« AIMEZ-VOUS LES DÉFIS ? »
Si, dans votre vie professionnelle, vous avez un exemple assez fort pour illustrer cette question, n'hésitez pas à le donner.

Soyez toujours bref en parlant de vous, évitez de vous étaler sur votre vie personnelle, et donnez des exemples tirés le plus possible de la vie professionnelle. Vous n'êtes pas là pour consulter un thérapeute !

« SI VOTRE SUPÉRIEUR HIÉRARCHIQUE VOUS DEMANDE DE FAIRE QUELQUE CHOSE SELON UNE CERTAINE MÉTHODE QUE VOUS JUGEZ MAUVAISE OU INDADAPTÉE, QUE FAITES-VOUS ? »
Démontrez que vous êtes constructif (c'est-à-dire critique et capable de proposer une autre méthode), à l'écoute (vous savez choisir le bon moment pour discuter), et bien sûr capable de dire non.

« SAVEZ-VOUS PRENDRE DES INITIATIVES ? DONNEZ-MOI DES EXEMPLES ? »
« Oui », et choisissez des situations différentes. Exemple : prendre une initiative en cas d'urgence, contre l'avis de quelqu'un ou encore face à un problème sans fin.

« APRÈS QUELQUE TEMPS PASSÉ À UN POSTE, COMMENT AIMERIEZ-VOUS

QUE VOS SUBORDONNÉS VOUS DÉCRIVENT ? »

Ce que est important ici, c'est la structure de votre réponse et non son contenu. Par exemple : « Je souhaiterais qu'on me connaisse, c'est-à-dire que l'on donne des caractéristiques concernant ma personnalité, mes méthodes de travail, mon relationnel ou encore mes principales réalisations. »

L'entretien est un exercice interactif. On vous pose des questions, mais rien ne vous interdit d'engager une conversation, de poser à votre tour des questions, non pour dominer, mais pour amorcer un échange.

« QUELS SONT VOS CENTRES D'INTÉRÊT EXTRA-PROFESSIONNELS, VOS PASSIONS ? »

Enoncez brièvement une ou plusieurs activités, si possible variées (sport, culture, voyage...) sans développer.

« COMMENT PENSEZ-VOUS POURSUIVRE VOTRE FORMATION ? »

Répondez que dans l'immédiat c'est l'expérience concrète qui vous motive et interrogez votre interlocuteur sur les programmes de formation continue de l'entreprise.

Positiver cette expérience

Puisque l'on n'a guère le choix, autant positiver cette expérience qu'est celle de passer des tests de personnalité. Il est en effet rare que l'on soit invité à réfléchir sur soi, à faire le point, à se questionner sur soi-même.

Les questions qui vous seront posées dans ces tests et celles qui seront suscitées lors de l'entretien peuvent être pour vous une occasion de réfléchir sur votre vie professionnelle et sur vos ambitions.

Vous pouvez par exemple vous entendre dire pour la première fois qu'il semble que vous ayez un problème avec l'autorité et que vous ne seriez pas un bon chef de projet. Si cela se trouve, cela fait des années que vous postulez pour ce type de poste sans jamais y arriver. Une fois la pilule avalée, si vous la jugez amère, vous pouvez décider de changer d'optique et de postuler pour des postes différents, où l'autorité ne sera pas la première qualité à posséder.

Ecoutez attentivement ce que vos résultats inspirent comme commentaires à votre recruteur. C'est un professionnel qui fait du recrutement à longueur d'année, il sait généralement de quoi il parle. Il peut vous donner de bons conseils. Ajoutés à votre propre réflexion, vous voilà en possession d'un bel audit de vous-même !

Après tout, un bon psychologue peut vous révéler quelques petites choses vraies sur vous-même. N'en faites pas un drame, c'est plutôt une occasion d'avancer...

Vos droits face aux tests de recrutement

Si les tests de recrutement, et plus encore les tests de personnalité, ont été si critiqués il y a quelques années, c'est qu'ils avaient donné lieu à toutes sortes d'abus. En leur nom, certains recruteurs se permettaient de poser aux candidats des questions sur leur vie intime ou leurs opinions politiques, etc. En 1992, le législateur est intervenu afin de réclamer plus de transparence dans les méthodes de recrutement.

Au début des années 90, la cour de cassation de Paris avait inauguré ce qui deviendra plus tard la fameuse loi Aubry.

Elle pose comme principe qu'un recruteur ne peut demander, au cours d'une procédure de recrutement, que des informations sur les qualités correspondant au profil recherché. En dehors de cette limite point de salut.

Un recruteur doit se tenir pour interdit de poser des questions concernant les croyances, l'appartenance politique ou la vie intime. Sauf s'il y a un lien avec le poste à pourvoir. Il est évident qu'on pourra vous demander pour quel parti vous votez si vous postulez pour un poste à responsabilité dans un parti politique.

C'est en 1992, plus précisément le 31 décembre 1992, que la loi Aubry, du nom du ministre de l'Emploi alors en fonction, a officialisé ces nouvelles données. Cinq amendements ont été ajoutés dans le Code du travail, à la loi portant le titre suivant : « Dispositions relatives au recrutement et aux libertés individuelles ».

Deux grands principes : transparence et pertinence

La transparence

Un principe essentiel : un recruteur ne peut pas refuser de vous livrer le contenu de l'analyse qu'il a faite de vos tests.

« Un candidat à un emploi doit être expressément informé préalablement à leur mise en œuvre des méthodes et techniques d'aide au recrutement utilisées à son égard ».

Vous devez donc être prévenu de tout ce qui va être fait de votre candidature. Et cela est valable pour la graphologie. Les entreprises doivent vous prévenir qu'elles vont faire analyser votre écriture. Rien ne doit être fait dans votre dos.

La pertinence

« Les méthodes et techniques d'aide au recrutement doivent être pertinentes au regard de la finalité poursuivie », ces méthodes et techniques ne peuvent « avoir pour finalité que d'apprécier sa capacité à occuper l'emploi proposé ou ses aptitudes professionnelles. Le candidat à un emploi ou le salarié, est tenu d'y répondre de bonne foi ». Là encore, la loi intervient pour empêcher toutes questions indiscrètes, mais elle intervient aussi et surtout pour couper court à l'utilisation de méthodes farfelues.

Que faire si un recruteur enfreint la loi ?

Si malgré tout des questions, qui n'ont pas lieu d'être posées dans le cadre d'un recrutement, vous sont quand même posées, que pouvez-vous faire ? Si vous êtes affilié à un syndicat, vous pouvez leur en faire part. Ils pourront alors agir en leur nom, tout en cachant votre identité si vous le souhaitez. Si ces questions indiscrètes se trouvaient dans un test sur informatique, vous pouvez en informer la Cnil (Commission nationale informatique et libertés). C'est elle qui veille sur la moralité des ordinateurs ! Elle pourra faire saisir le test indélicat.

Enfin, dernière solution, mais qui n'est pas celle que l'on vous conseille, les prud'hommes. C'est une solution qui risque de vous fâcher définitivement avec l'entreprise incriminée. Sortir l'arme du législateur à la première incartade n'est pas forcément du meilleur effet face à un employeur potentiel. Cela dit, si vous vous sentez une âme de conquérant et de redresseur de torts, pourquoi pas. A vous de peser le pour et le contre.

Pour montrer leur bonne volonté, les syndicats de conseils en recrutement se sont engagés à respecter certains principes. Notamment, celui de réserver aux psychologues la responsabilité des tests de personnalité.

Peut-on refuser de passer un test ?

Délicate question… A entendre les recruteurs interviewés sur le sujet, bien sûr, il n'y a pas de problème à ce qu'un candidat refuse de passer un test… Oui, mais dans les faits, comment cela se passe-t-il ? Le candidat rebelle n'est-il pas définitivement éliminé pour son audace ? Nous pensons que tout dépend du test. Une attitude ostensiblement hostile au sujet des tests est éliminatoire. A la limite, le recruteur n'a plus besoin de vous faire passer les tests en question, il a reconnu en vous un individu frondeur et buté qui n'est pas apte à travailler en équipe !

Refuser une passation de tests en dit déjà long sur vous au recruteur. Convainquez-vous que les tests se justifient sur un plan professionnel.

Nous pensons cependant que vous êtes dans votre bon droit si vous refusez de passer un test projectif. En effet, comme nous l'avons déjà exprimé plus haut, nous pensons que ces tests n'ont rien à faire dans une procédure de recrutement et qu'ils révèlent au recruteur des détails de votre vie intime qu'il n'a pas à connaître.

Si vous préparez vos arguments et que vous les exposez calmement, votre interlocuteur sera peut-être favorablement marqué par votre fermeté et vos opinions éclairées.

Achevé d'imprimer en février 2001
par **Bussière Camedan Imprimeries,** St-Amand (Cher)
Dépôt légal : février 2001.
Numéro d'imprimeur : 010742/1.
Imprimé en France